Petra Rigling

Kreatives Denktraining

200 Fitmacher für den Kopf

Die Rigling Methode

Eichborn.

Die Deutsche Bibliothek - CIP-Einheitsaufnahme
Rigling, Petra:
Kreatives Denktraining : 200 Fitmacher für den Kopf - die Rigling-Methode /
Petra Rigling. - Frankfurt am Main : Eichborn, 2001
ISBN 3-8218-1601-5

1 2 3 4 5 02 01

Umschlaggestaltung: Christina Hucke
Illustration: Frank Renlie
Lektorat: Waltraud Berz
Satz: KaSyX, Karlsruhe
Druck und Bindung: Fuldaer Verlagsagentur, Fulda
ISBN 3-8218-1601-5

Verlagsverzeichnis schickt gern:
Eichborn Verlag, Kaiserstraße 66, 60329 Frankfurt am Main
www.eichborn.de

Aktive Erholung für Geist und Gehirn

Computer lassen sich wahlweise abschalten oder in den Standby-Modus fahren, wenn der Arbeitsprozess beendet oder unterbrochen werden soll. Auch andere Maschinen oder Motoren aller Art lassen sich abschalten.

Unser Gehirn jedoch hat leider keinen Knopf zum Abschalten. Genau dann, wenn unser Gehirn nach großen Anstrengungen und Stress eine Erholungspause nötig hätte, kreisen Wörter, Probleme, Ärger wie von selbst weiter, obwohl wir die Arbeit längst aus der Hand gelegt und den Arbeitsplatz verlassen haben. Viele nehmen auf diese Weise Arbeit und Probleme mit nach Hause, statt sich zu erholen, abzuschalten und die Freizeit zu genießen. Wir können uns zwar bis zur physischen und psychischen Erschöpfung zwingen, eine Arbeit zu verrichten, aber wir können uns nicht zwingen, uns zu beruhigen, zu entspannen oder gar einzuschlafen.

Entspannung, Erholung und geistige Regeneration setzen voraus, dass wir zunächst einmal „loslassen" und Arbeit und Anforderungen „fallen lassen". Aber das allein ist nicht ausreichend! Körper und Geist benötigen einen aktiven Ausgleich, um wieder fit zu werden. Denn jede Form der Fitness setzt Aktivität voraus, ein gezieltes Training. Es genügt nicht, sich geistig in den Sessel fallen zu lassen.

Rennwagen legen einen Boxenstopp ein: Gas weg, bremsen, nachtanken, Materialverschleiß prüfen, ggf. Ersatzteile einbauen, Reifenwechsel, und danach geht es gut gerüstet wieder mit Vollgas auf die Piste.

Der Rennwagenfahrer hat einen Vorteil: Er besitzt ein Team von Spezialisten, die diese Instandsetzungsarbeiten übernehmen, während wir für unseren Körper und Geist die Erholung alleine und eigenverantwortlich gestalten müssen.

Bewegungsmangel während des Arbeitsprozesses kann man nur mit Bewegung ausgleichen, damit die Muskeln regenerieren.

Kreislaufermüdungen wirken wir mit frischer Luft, Bewegung, einem Glas Milch, einer Tasse Tee oder Kaffee entgegen.

Lärmbelästigungen während der Arbeit verlangen nach Ruhe.

Überanstrengungen der Augen – z.B. am PC – verlangen nach erholsamen Blicken in die Ferne und ins Grüne.

Kontaktmangel während der Arbeit kann mit humorvollen Gesprächen und familiären bzw. freundschaftlichen Kontakten ausgeglichen werden.

Eine aktive Pausen- und Freizeitgestaltung, die sensibel mit den eigenen Bedürfnissen und Überforderungen am Arbeitsplatz umgeht, kann – ähnlich wie bei einem Boxenstopp – Körper und Seele für die nächste Leistungsrunde fit machen.

Geistige Anstrengungen und Überanstrengungen sind leider nicht in gleicher Weise fühlbar wie Muskelverspannungen.

Ein Nachlassen der Konzentrationsleistungen, der Gedächtnisleistungen, der Formulierungsgabe etc. können wir nicht erfühlen, wir können allenfalls Fehler in unserer Arbeit ausmachen oder ein Nachlassen des Arbeitstempos spüren. Irgendwann meldet das Gehirn „mir fällt nichts mehr ein" – „leer" – „müde" – „Kopfweh" – jetzt empfiehlt sich ein kreatives Denktraining, das darauf abzielt, ausgleichende und erholsame Denkprozesse während der Pause bzw. Freizeit zu aktivieren, damit sich überforderte Zellgruppen währenddessen erholen können.

Ähnlich wie ein großer Betrieb, der viele verschiedene Leistungen anbietet, arbeitet auch unserer Gehirn: Gruppen von Spezialisten sitzen eng beieinander und lösen bestimmte Probleme, andere sind für die Koordination und die Teamarbeit zuständig, und wieder andere sind quasi die Springer, die mal da, mal dort mitarbeiten.

Praktisch bedeutet dies für Rechtshänder (für Linkshänder gilt stets die Seitenumkehrung – auch im Gehirn): Die linke Gehirnhälfte erteilt die Befehle für die rechte Hand und den rechten Fuß, ist für unser Sprachverständnis, unsere Formulierungsgabe, Rechenprozeduren, für logische Prozesse u.v.m. zuständig.

Die rechte Gehirnhälfte steuert den linken Fuß, die linke Hand, erkennt Melodien oder summt Lieder, entflammt Gefühle oder meldet Ärger bzw. Langeweile, sucht Bilder für unser Wohnzimmer aus, schätzt, ob genügend Essen im Kühlschrank liegt oder wird kreativ und aktiv, wenn wir selbst zeichnen, musizieren, tanzen u.v.m.

Die linke Gehirnhälfte ist die logisch-sprachliche und analytische Zentrale, während unsere rechte Hirnhälfte unsere musisch-kreative und ganzheitliche Zentrale ist.

Natürlich gibt es auch Spezialisten „auf der anderen Seite", die stets mitreden, aber die Hauptarbeitsverteilung ist so wie beschrieben. Teamwork und Network sind die Voraussetzung für intelligentes und kreatives Denken.

Ein wenig erinnern beide Hirnhälften an Yin und Yang, an zwei gegensätzliche Kräfte, wie männlich und weiblich, Himmel und Erde, Sonne und Mond. Eines ist ohne das Andere nicht denkbar, aber gelingt es uns, beide mentalen Kräfte ins Gleichgewicht zu bringen? Eine ausgewogene Aktivierung beider Hirnhälften bringt mentale Ruhe, neue Kraft und Erholung.

Auch ohne in die Fachgebiete Neurophysiologie und Neuropsychologie weiter einzusteigen, können Sie nachvollziehen, dass – je nach Arbeitsplatz und Arbeitsanforderung – geistig leicht eine einseitige Überforderung entsteht.

Wer mehrstündig Vorträge hält, Unterricht erteilt, Briefe diktiert oder schreibt, als Dolmetscher arbeitet, Computer programmiert, Konferenzen durchführt, die Buchhaltung prüft, an der Börse arbeitet, telefonische Beratungen durchführt etc. ist nicht nur ein „Kopfarbeiter", sondern jemand, der die linke Hirnhälfte bis zur Leistungsgrenze strapaziert. Künstler werden dagegen ihre rechte Hirnhälfte zur Höchstleistung auffordern.

Wie kann es gelingen, während der Freizeit eine maximale Erholung zu erzielen? Dabei ist es wichtig, einen Ausgleich für die einseitige „Kopfarbeit" herzustellen. Geben Sie der linken Gehirnhälfte „frei", schaffen Sie ein mentales Gleichgewicht, indem Sie der rechten Hirnhälfte eine kreative Arbeit anbieten.

Auch während des Schlafs wird das Gehirn nicht abgeschaltet, es arbeitet vielmehr „entspannt und langsamer" und lässt während der Traumarbeit Bilder, Farben, Töne spielerisch tanzen, nach der Melodie unserer Sehnsüchte, Ängste und anstehenden Probleme. Das Gehirn schaltet auf eine spielerische Kreativität um, die scheinbar ohne logische Kontrolle und Zensur arbeitet. Träume sind für unseren Körper und für unseren Geist überlebenswichtig, das hat die Schlafforschung erwiesen.

Diese natürliche Quelle der Erholung wird tagsüber von Erwachsenen kaum genutzt. Kreativität – ohne logische Zensur – leisten sich Kleinkinder bis ins Kindergartenalter: Wäscheklammern werden zu einem Rollenspiel benutzt, ein Kritzel-Kratzel-Bild zeigt angeblich einen Hubschrauber, eine Decke wird zur Höhle umfunktioniert und der Kindermund setzt herzhafte Sprachverbindungen wie: „Ich bin so faul, ich faule ja schon".

Was wir an kleinen Kindern lieben, haben wir selbst erfolgreich verlernt, bis wir erwachsen sind. Leider!

Ein Spruch sagt: „Ordnung ist das halbe Leben und die andere Hälfte ist Unordnung."

Geordnete, logische Gedanken werden in unserer Gesellschaft gezielter erlernt, stärker gefordert und werden qualitativ höher eingeschätzt als kreatives Denken, das stets auch unlogische oder bisher unbekannte Verbindungen entwirft und gestaltet beim Malen, Singen, Musizieren, Ausdruckstanz o. ä.

Kreativität, kreatives Denken, unterliegt einem gesellschaftlichen Verdrängungsprozess, der mit der Schule beginnt. Wann haben Sie zuletzt – nur zum Spaß – gemalt, getanzt, musiziert oder Theater gespielt? Schmunzelnd hören wir von Wissenschaftlern, die sich mit der Chaos-Theorie befassen, teils auf der Suche nach einer verborgenen Ordnung im Chaos, teils im Versuch, das Chaos als ganzheitlichen Prozess zu verstehen.

Das analytisch-logische Denken der linken Gehirnhälfte benötigt das ganzheitlich-kreative Denken der rechten Hirnhälfte, wenn sich Konzentrations- und Gedächtnisleistungen, Rechenfähigkeit und Sprachgewandtheit der linken Hirnhälfte regenerieren sollen. Geistige Fitness erreichen wir durch ein kreatives Denktraining, das auf natürliche Weise der linken Hirnhälfte eine Ruhepause verschafft und zugleich als kreativer Motor zu neuen Leistungen befähigt.

Dieser Einleitungstext hat soeben mit Ihrer linken Gehirnhälfte korrespondiert. Das Ziel dieses Buches ist es jedoch, Ihre rechte Hirnhälfte zur Kreativität herauszufordern und Stück für Stück mit bildhaften Gedächtnisaufgaben fit zu machen für all die Aufgaben, die Sie nach einer Erholungspause wieder in Angriff nehmen werden. In diesem Sinne lädt das Buch Sie zu einer mentalen Reise ein – einem Kurzurlaub für gestresste Hirnzellen.

Machen Sie mit, und Sie werden mental Ihre rechte Hirnhälfte besuchen, Ihre Kreativität neu entdecken und zugleich Ihre Gedächtnisleistungen trainieren.

Beginn der Reise

Das Kreative Denktraining ist eine Reise ins Ich, eine Reise in die Welt der Gedanken und der Eigenerfahrungen. Wie bei jeder organisierten Reise gibt es einen Reiseleiter und als solcher möchte sich dieses Buch anbieten. Der Reisende aber sind Sie selbst, und wenn Sie erleben möchten, was das Kreative Denktraining ist und wie es wirkt, dann gehören ein Stift (Bleistift, Filz- oder Kugelschreiber) ebenso zu Ihrem „Reisegepäck" wie gute Laune und die Bereitschaft, mitzumachen.

Nehmen Sie sich Zeit und Ruhe, um von einem Denk(ein)mal zum anderen zu wandern. Das Ziel der Reise ist nicht etwa ein bestimmter Leistungsgipfel, kein 3000er, keine 100 % einer unbekannten Höchstleistung, kein Intelligenzquotient, sondern die Bekanntschaft mit den eigenen kreativen Möglichkeiten. Jeder Mensch ist einzigartig und genauso einzigartig wird das Reiseziel sein:

Erfahrung im Umgang mit den eigenen Wegen der Informationsverarbeitung, Erfahrung im Umgang mit den eigenen Wahrnehmungs- und Gedächtnisleistungen. Der „Mut zur Lücke" und der Mut zu einfachen kreativen Leistungen führt zur Quelle des Denkens, an jenen Ort an dem das ICH reich an Fantasie ist, reich an Neugierde und frei von Angst zu scheitern.

Kehren Sie danach zurück in Ihren Alltag, und packen Sie Ihre äußere Wirklichkeit gestärkt an. Bei dieser Reise können Sie nur gewinnen!

Malen, Zeichnen, Kritzeln und verschüttete Talente

Saint-Exupéry beschreibt in seinem Buch „Der kleine Prinz", wie er als Kind die Erwachsenen fragte, ob ihnen seine Zeichnung keine Angst mache.

Was ist das?

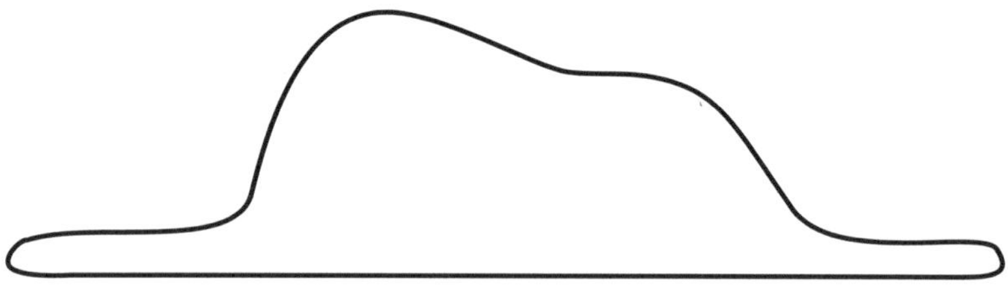

Die Erwachsenen sahen nur einen Hut, er selbst hingegen sah einen Elefanten, der von einer Boa verschluckt worden war. Dann zeichnete er die Boa mit dem sichtbaren Elefanten im Innern der Boa und erläuterte, dass die Großen „immer Erklärungen" bräuchten, um die einfachen Dinge zu verstehen. Die Großen rieten ihm daraufhin, mit dem Zeichnen von offenen und geschlossenen Riesenschlangen aufzuhören. Darum hatte er seine „großartige Laufbahn eines Malers" bereits im Alter von sechs Jahren aufgegeben.

Wann haben Sie zuletzt gemalt, gezeichnet oder einfach nur gekritzelt?

Wann haben Sie zuletzt einen Elefanten gezeichnet?

Haben Sie Mut, zeichnen Sie den Elefanten in die Boa!

Ja, jetzt – das ist bereits Ihre erste Aufgabe!

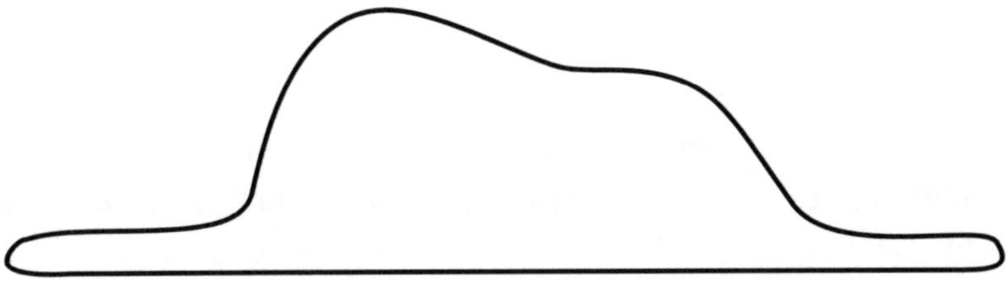

Hallo, wo sind Sie?

a) Ich habe keinen Elefanten gemalt.

Was heißt hier, das kann ich nicht?

Beim Blick auf die Boa mit dem Hohlraum haben Sie innerlich den Elefanten bereits sehen können, stimmt´s? In Ihrer Gedankenwelt haben Sie ein Bild entstehen lassen, eine Fantasie, und eine ganze Reihe von Gedanken werden Ihnen dabei durch den Kopf gegangen sein. Das ist bereits der Beginn Ihrer Reise. Werfen Sie den „kleinen Mann im Ohr" aus dem Reisebus, der Ihnen scheinbar zugeflüstert hat, dass Sie das nicht könnten.

b) Mein Elefant ist fertig.

Gratulation, Sie haben soeben den ersten wichtigen Schritt im Kreativen Denktraining geschafft! Wie fühlt es sich an, den Stift – wie in Kindertagen – über das Papier gleiten zu lassen? Komisch? Ungeschickt? Witzig? Fremd?

Wo liegt die Spannung?

Der Kopf weiß, wie ein Elefant aussieht – aus Büchern, Fernsehen und Zoo – unsere Erinnerung hat mehr als nur einen Elefanten gespeichert. Unsere Hand führt gehorsam den Stift. Das Auge wacht darüber, welche Striche wir auf dem Papier hinterlassen, und unser kluges Hirn vergleicht die Bilder im Kopf mit denen auf dem Papier.

Gut, wenn Sie nun schmunzeln und zufrieden nicken. Adoptieren Sie den Elefanten!

Oder schleicht sich da etwa ein Gedanke ein, der sagt: „andere können das besser?" – Sie brauchen hier und jetzt keine „anderen", das ist Ihr Buch, Ihre Boa und Ihr Elefant und der Beginn Ihrer Reise.

Weiter geht´s:

Sie wissen noch, was Sie eben zeichnen sollten, kein Problem. Das Tier „X" war ein ____________________ .

Zählen Sie bitte einmal in Gedanken ab, wie viele Buchstaben das Wort hat und schreiben Sie bitte nur die Anzahl der Buchstaben nieder: ____

Meine Frage heißt jetzt nicht, ob Sie die Buchstabenanzahl richtig eingetragen haben, sondern: Was haben Sie an sich selbst beobachten können?

> Konnten Sie das geschriebene Wort innerlich „sehen"?
>
> Wie oft haben Sie während des Zählvorgangs das Wort wiederholt?
>
> Und bestimmt haben Sie die Finger zur Mitarbeit hinzu genommen?

In unserem Gehirn sind Bilder gespeichert, dazu auch die geschriebenen Wörter, beide Gedanken können so greifbar nahe scheinen, als könnten wir sie vor uns auf dem Tisch liegen sehen und anfassen. Wir sind uns dessen nicht bewusst, aber unser Denktraining durchläuft gerade ganz verschiedene neuronale Verbindungen.

Wir können den Weg zum Bahnhof und zum Bäcker oder nach Paris beschreiben, aber was unser Gehirn tun musste, um diese Leistungen in Bruchteilen von Sekunden zu erbringen, können wir weder beobachten noch beschreiben.

Wann ist das erste Bild eines Elefanten von unserem Gehirn aufgenommen worden? – Wir wissen es nicht, der innere Archivar gibt uns keine Antwort.

Elefant – welche Gedanken gesellen sich blitzartig dazu? Was fällt Ihnen dazu ein, welche Assoziationen bilden ein Netzwerk rund um den Elefanten?

Nehmen Sie sich 3 Minuten Zeit, Ihre Einfälle zum Wort **Elefant** aufzuschreiben:

Diese Netzwerke unserer persönlichen Assoziationen sind so verschieden wie die Inhalte der Bücherregale in den verschiedenen Wohnungen.

Ein kreatives Denktraining ist darum immer auch ein individuelles Denktraining, aufbauend auf Ihrem unbekannten Schatz an persönlichen Erfahrungen und Gewohnheiten, Vorlieben und Abneigungen, Assoziationen und Denkstrategien.

Nächste Aufgabe:

Sie betreten den Warteraum einer Praxis. Ein paar der Stühle sind bereits besetzt. Es ist Ihre Entscheidung, ob Sie sich neben eine Person, dicht ans Fenster oder in der Nähe der Tür setzen. Sie entscheiden dies nach einem Gefühl, einer persönlichen Idee.

Zeichnen Sie in diese Skizzen von Warteräumen einen Kreis jeweils um den Stuhl, den Sie besetzen würden. Die Stühle werden hier in Form von Quadraten dargestellt. Kreuze zeigen Ihnen, welche Plätze im Moment besetzt sind. Natürlich können Sie nur einen freien Platz pro Warteraum wählen!

Achtung: Auf der nächsten Seite werden Sie gebeten, Ihre gewählten Sitzplätze zu erinnern, auch wenn Sie feststellen, dass dann kein Platz mehr „besetzt" ist.

Warteräume

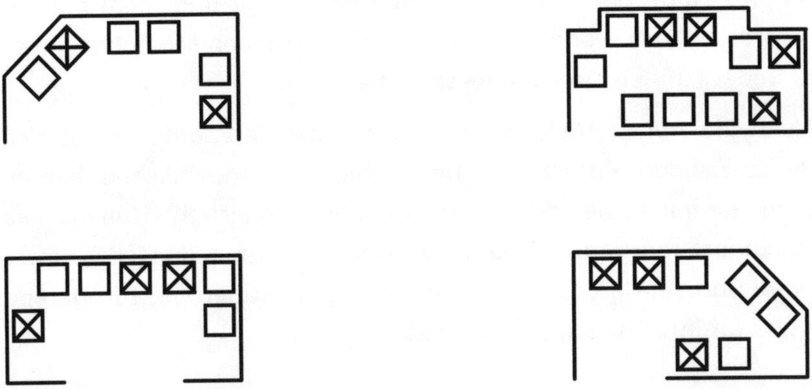

Sie kehren in die Warteräume zurück, zeichnen Sie bitte ein, welche Plätze Sie auf der Vorseite selbst gewählt hatten:

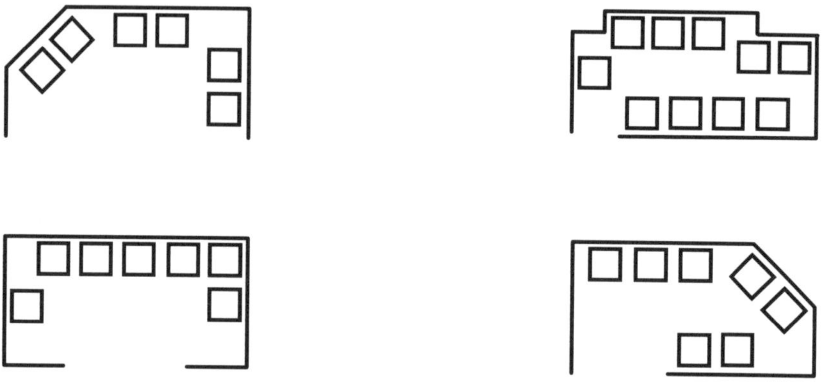

Nach Art dieses Beispiels werden Ihre individuellen Ideen so oft wie möglich einbezogen, Ihre Kreativität wird mehr und mehr herausgefordert, auch wenn Sie in einzelnen Aufgaben scheinbar „nur" zu Gedächtnisleistungen angespornt werden.

Wenn Sie nun zurück blättern und feststellen sollten, dass sich kleine Erinnerungslücken – hier Fehler – eingeschlichen haben, dann nehmen Sie dies bitte mit dem gleichen Humor wie lückenhaft ausgefüllte Kreuzworträtsel. Niemand steht hinter Ihnen und zensiert Ihre Leistungen, viel wichtiger: Sie tun gerade etwas für Ihre Fitness, das allein zählt!

Frei nach Alfred Adler möchte ich Ihnen raten:

Schauen Sie was geht und tun Sie das, was Sie können:

merken – erinnern – und dann einfach malen!

Die Melodie der Zahlen

Wie merken Sie sich Telefonnummern?

Notieren Sie bekannte Telefonnummern genau so, wie Sie die Zahlen in Ihrer Erinnerung paaren. Telefonnummern kann man sich verschieden zusammenfassen, der Gedankenstrich in den nächsten Zeilen zeigt an, ob Zahlen einzeln oder zusammen ausgesprochen werden:

6-5-5-2-1-7 oder 6 – 55 – 217 oder 655 – 217

Wie paaren Sie Telefonnummern? Schreiben Sie bitte Ihre Beispiele hier auf?

Vermutlich stellen Sie fest, dass Sie Telefonnummern nie nach einem vorgefertigten Muster zusammenfassen, sondern ganz unterschiedlich paaren.

Wie kommt das?

Scheinbar verleiten uns die Zahlen selbst, dass wir uns für die eine oder andere Methode entscheiden und meist geschieht es unbewusst – aber eines können wir ganz sicher festhalten: Wollte Ihnen dieses Buch eine Methode vorschreiben, würden Sie sich künftig an weniger Telefonnummern erinnern als heute.

Jede Gedächtnisleistung folgt individuellen Gesetzmäßigkeiten, Sie bestimmen, welche Aufgabe Ihnen leicht oder schwer fällt, Sie bestimmen, welche Anstrengung und welche Konzentration Sie für eine Aufgabe einsetzen. Ihr persönlicher Erfahrungshintergrund beinhaltet dabei eine private Logik, und es wird spannend sein zu erfahren, ob Sie Ihren eigenen Spuren im Schnee folgen können!

So werde ich Sie zunächst bitten, auf der nächsten Seite mit Fantasie ein bestimmtes Zeichen in eigene Zeichnungen einzubauen. Betrachten Sie das Zeichen in Ruhe, es ist ein Teil – aber ein Teil wovon? Bauen Sie das Teil in verschiedene Skizzen ein, je mehr Ihnen dazu einfällt, desto besser!

Lassen Sie die vorgegebenen Zeichen Teil Ihrer Zeichnungen werden. Entwerfen Sie möglichst viele verschiedene Ideen und merken Sie sich Ihre Ideen:

Beispiel

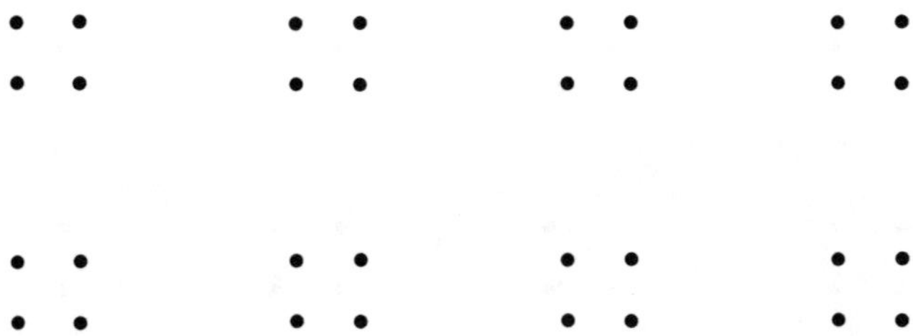

Beispiel

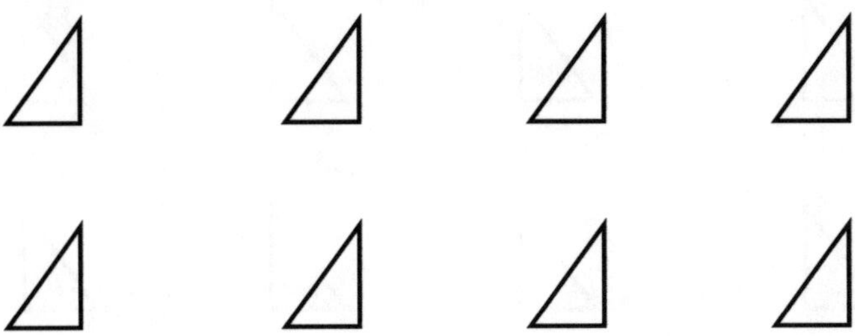

Blättern Sie jetzt bitte nicht vorzeitig zurück! Wissen Sie noch, was Sie selbst eben gezeichnet haben? Wiederholen Sie Ihre Ideen und Ihre Skizzen in der gleichen Reihenfolge:

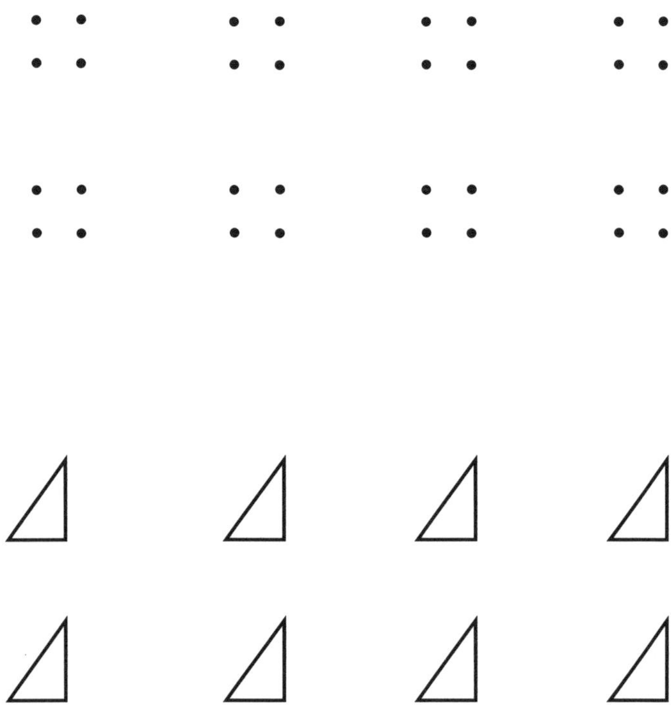

Parkplätze

Wählen Sie pro Platz einen freien Parkplatz für Ihren imaginären Wagen aus, und zeichnen Sie diesen ein. Belegte Plätze sind nicht wählbar.

1

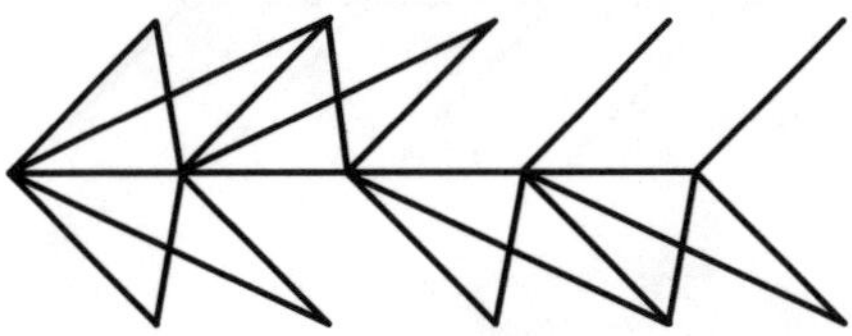

2

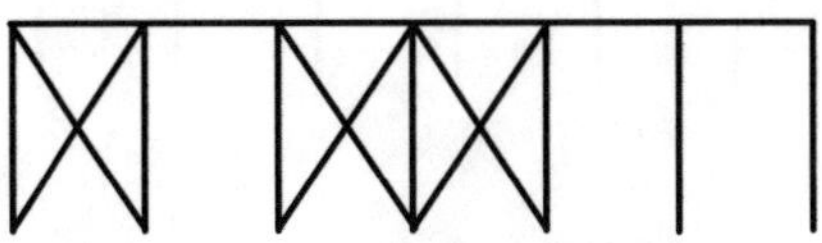

3

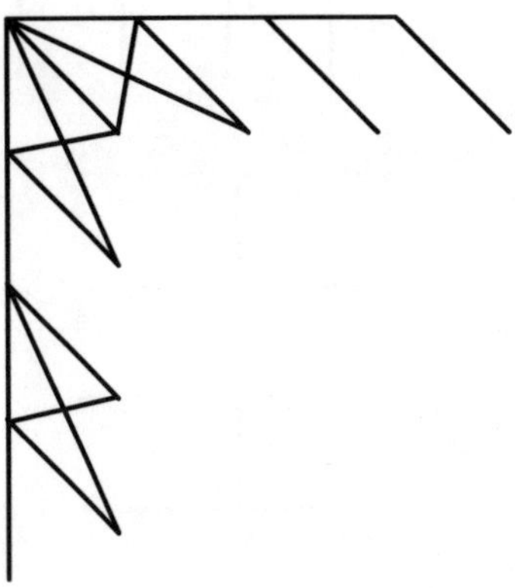

4

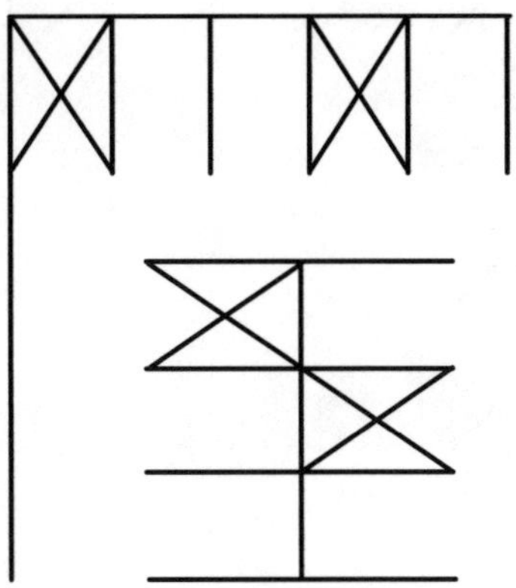

Parkplätze

Was sagt Ihr Gedächtnis – wo haben Sie Ihren Wagen geparkt?

Könnten Sie als „Zeuge“ angeben, welche Plätze von anderen Wagen belegt waren?

1

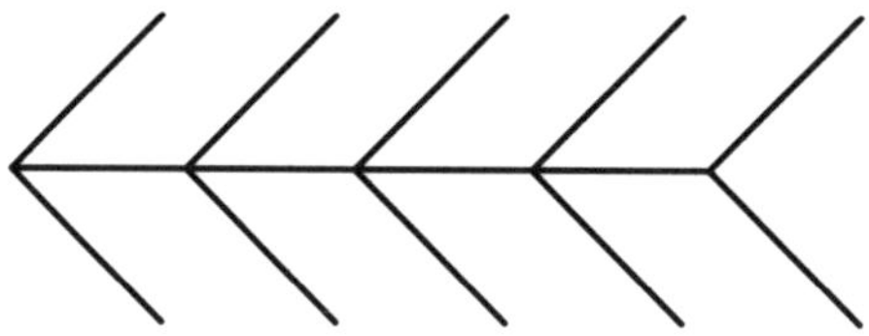

2

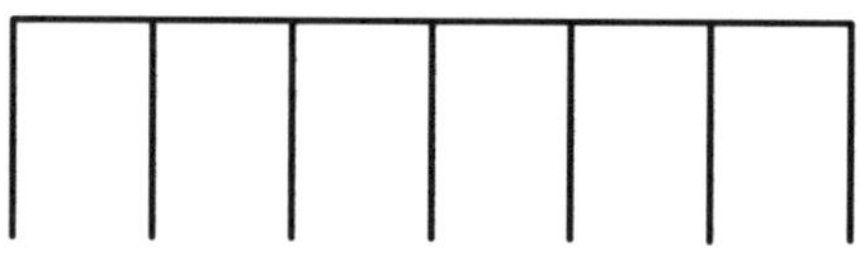

3

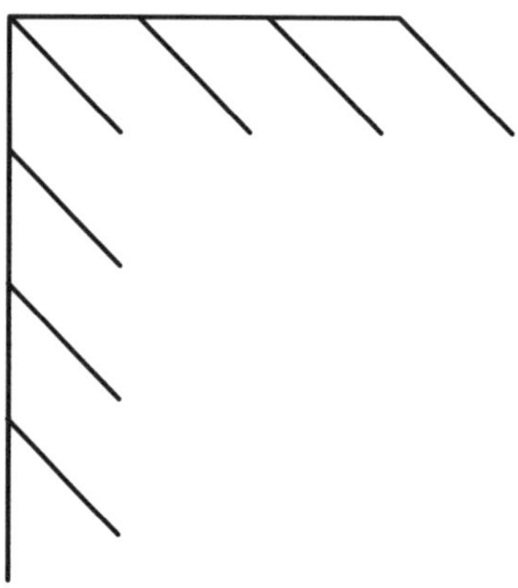

4

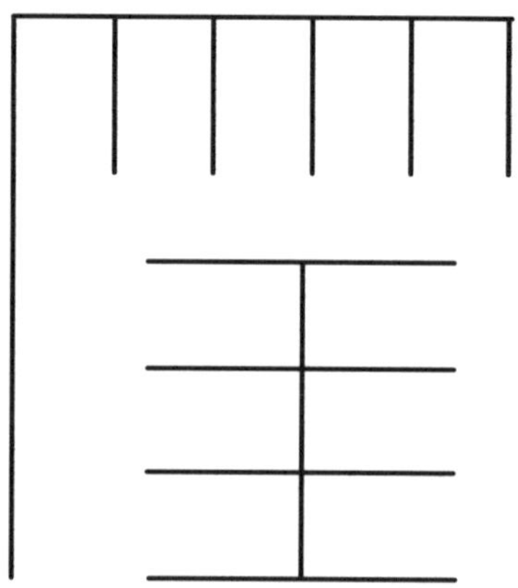

Gesichter

Zeichnen Sie jedem Gesicht einen anderen Mund. Gelingt es Ihnen, verschiedene Stimmungen einzuzeichnen? Merken Sie sich stets Ihre eigenen Ideen!

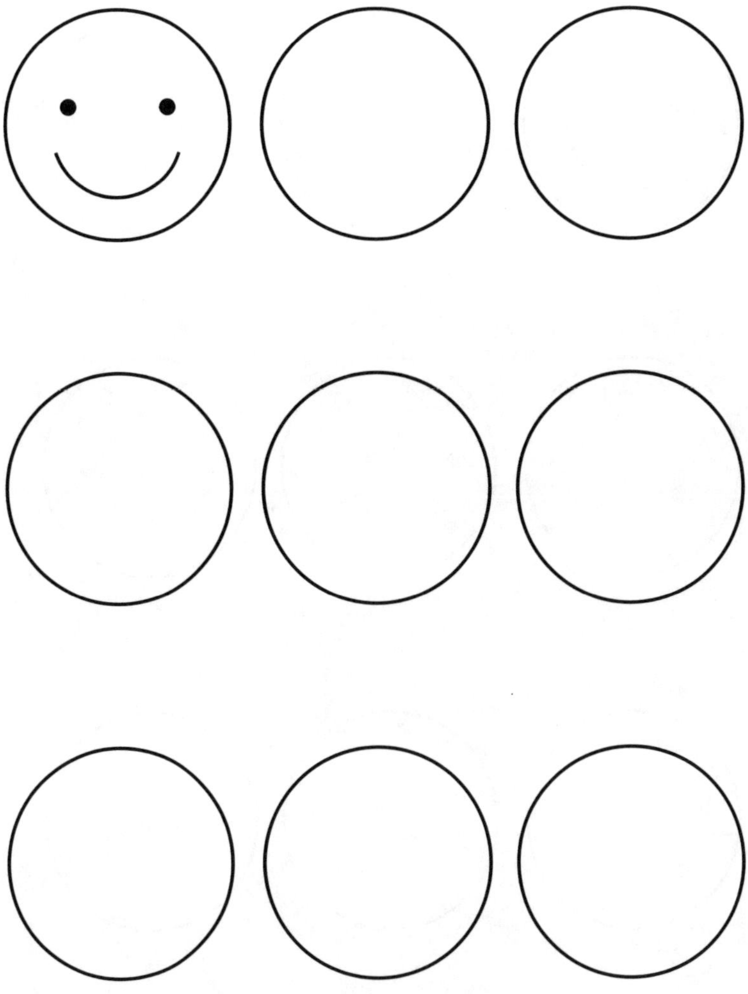

Gesichter

Erinnern Sie sich daran, wem Sie welchen Gesichtsausdruck verliehen haben?

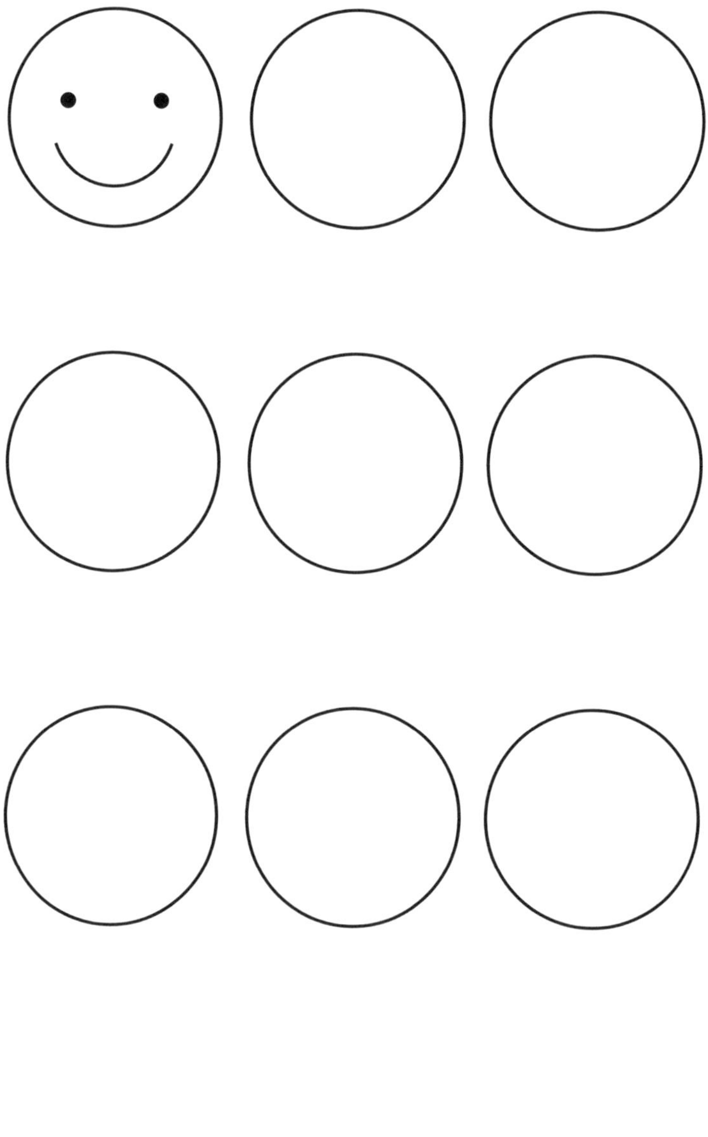

Kerzen

Bisher brennen nur 3 Kerzen, zeichnen Sie in 3 weiteren Kerzen eine Flamme ein.

Merken Sie sich bitte alle 6 Kerzen!

Kerzen

Alle Kerzen sind erloschen. Zeichnen Sie aus dem Gedächtnis alle 6 Flammen wieder ein.

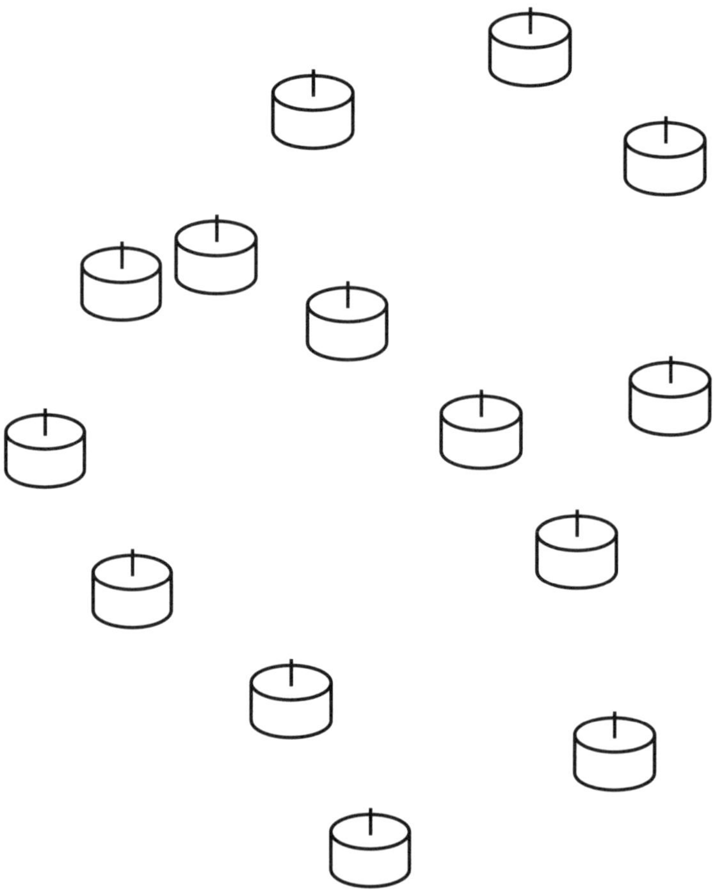

Kinderköpfe

Diese kleinen Kahlköpfe benötigen Ihre Hilfe, damit man sie unterscheiden kann. Zeichnen Sie Brille, Mütze, Frisuren, Sommersprossen etc. ein, machen Sie sie unverwechselbar.

Kinderköpfe

Erinnern Sie sich, wie Sie die einzelnen Kahlköpfchen geschmückt hatten? Versuchen Sie es nun aus dem Gedächtnis zu wiederholen.

Kerzen

Hier brennen bereits 4 Kerzen, zeichnen Sie in 4 weiteren Kerzen eine Flamme ein.

Merken Sie sich bitte alle 8 Kerzen!

Kerzen

Alle Kerzen sind erloschen. Zeichnen Sie aus Ihrem Gedächtnis alle 8 Flammen wieder ein.

Ein paar neue Erfahrungen

Die ersten Aufgaben haben Sie nun bereits erlebt und individuell gemeistert. Sie haben festgestellt, dass Sie verschiedene Aufgaben erhalten, deren Schwierigkeitsgrad ansteigt. Es gibt keine Garantie dafür, dass Sie alle B-Seiten zu 100 % erinnern. Aufgaben wechseln, Reize erscheinen und verschwinden – so wie Autos auf einem Parkplatz – und die wichtigste Aufgabe besteht darin, sich stets neu zu orientieren, neue Ideen zu entwerfen und den „eigenen Spuren im Schnee" – den eigenen Gedanken und Ideen – zu folgen.

A-Seiten werden von Ihnen mitgestaltet, hier entfalten Sie Ihre eigene Kreativität, Ihren persönlichen Geschmack oder auch Ihre persönlichen Strategien zur Frage: „Wie könnte ich es mir einfach machen?" Lassen Sie Ihre erste Idee zu, folgen Sie Ihren spontanen Ideen und Ihrem Geschmack bei der Gestaltung einer Seite.

Mit Blick auf die B-Seite, die Ihre Erinnerungen abruft, kommen Sie vielleicht in Versuchung, die „strategisch einfachste Lösung" auf der A-Seite einzuzeichnen. Die Versuchung liegt nahe und zeigt Ihnen nur, dass die linke Hirnhälfte immer wieder versucht die Führung zu übernehmen.

Denken Sie daran:

Niemand sagt Ihnen, wie viel Zeit Sie auf einer A-Seite verweilen dürfen! Sie haben Zeit!

Niemand kritisiert oder zensiert Sie, wenn Sie auf der B-Seite feststellen, dass Ihr Gedächtnis ebenfalls kreativ war und jetzt nicht erinnert, sondern kreativ gestaltet hat.

„Fehler" sind hier ohne Bedeutung und ohne Konsequenzen, es zählen allein Ihre Ideen und Ihre „Erfahrungen" mit wechselnden stimulierenden Reizen und wechselnden Herausforderungen.

Wer stets bemüht ist, die „einfachste Strategie" auf der A-Seite vorzubereiten, hat Angst, „Fehler zu machen". Angst ist stets der schlechteste Ratgeber im Leben! Der Mut, einer neuen Aufgabe zu begegnen, ist dagegen Ihr wichtigster Reisebegleiter!

Nehmen Sie Mut und Fantasie mit in die nächsten Aufgaben!

Indem Sie Ihre eigenen Ideen wieder aufspüren und wiederholt zu Papier bringen, verfolgen Sie bildlich gesprochen Ihre eigenen Spuren im Schnee. Natürlich befragen Sie Ihr Gedächtnis, aber auch neue Ideen, die Ihnen vorhin nicht gekommen sind, werden sich unter die nächsten Gedankengänge mischen. Auf diese Weise können Sie an sich selbst beobachten, wie kreative Gedankengänge selbständig auf Wanderschaft gehen und – einmal in Gang gebracht – mehr Denkvorgänge auslösen, als abgefragt werden können.

Willkommen im Kreativen Denktraining!

Mini-Kunstwerke

Füllen Sie bitte je 2 Felder dieser Mini-Kunstwerke mit Mustern Ihrer Wahl. Jetzt bekommen die Bilder eine neue Ausstrahlung. Merken Sie sich bitte Ihre Werke!

Mini-Kunstwerke

Restaurieren Sie die Bilder bitte aus dem Gedächtnis! Vorsicht, die Bilder wurden umgehängt.

Geisterhotel

In 3 Zimmern hausen bereits kleine Geister. Reservieren Sie mit Ihrem Stift nun 3 weitere Geisterzimmer, und merken Sie sich bitte alle 6 Zimmer.

Geisterhotel

Wie war das? Welche 6 Zimmer sind bereits belegt?

Mini-Kunstwerke

Füllen Sie bitte je 2 Felder dieser Mini-Kunstwerke mit Mustern Ihrer Wahl. Jetzt bekommen die Bilder eine neue Ausstrahlung. Merken Sie sich bitte Ihre Werke!

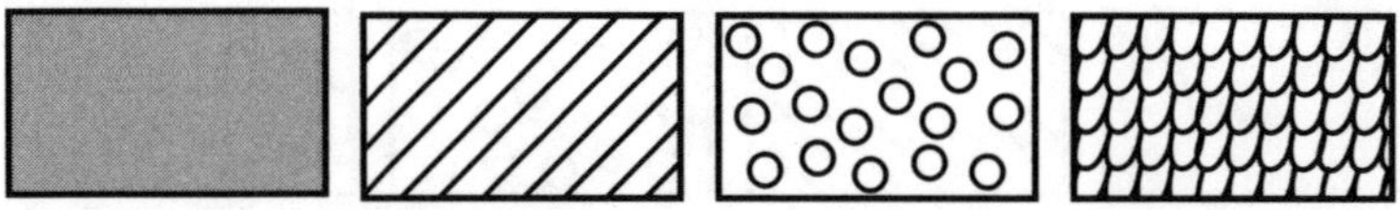

Mini-Kunstwerke

Restaurieren Sie die Bilder bitte aus dem Gedächtnis! Vorsicht, die Bilder wurden umgehängt.

Geisterhotel

In 5 Zimmern hausen bereits kleine Geister. Reservieren Sie mit Ihrem Stift nun 5 weitere Geisterzimmer, merken Sie sich bitte alle 10 Zimmer.

Geisterhotel

Wie war das? Welche 10 Zimmer sind bereits belegt?

Mini-Kunstwerke

Füllen Sie bitte je 2 Felder dieser Mini-Kunstwerke mit Mustern Ihrer Wahl. Jetzt bekommen die Bilder eine neue Ausstrahlung. Merken Sie sich bitte Ihre Werke!

Mini-Kunstwerke

Restaurieren Sie die Bilder bitte aus dem Gedächtnis! Vorsicht, die Bilder wurden umgehängt.

Geisterhotel

In 7 Zimmern hausen bereits kleine Geister. Reservieren Sie mit Ihrem Stift nun wahlweise 5, 6 oder 7 weitere Geisterzimmer, merken Sie sich bitte alle Zimmer.

Geisterhotel

Wie war das? Welche Zimmer sind bereits belegt?

Mauerwerke

Mauerwand und Pyramide enthalten jeweils 3 markierte Steine. Nun markieren Sie in Wand und Pyramide jeweils 2 weitere Steine.

Merken Sie sich bitte alle 10 markierten Steine.

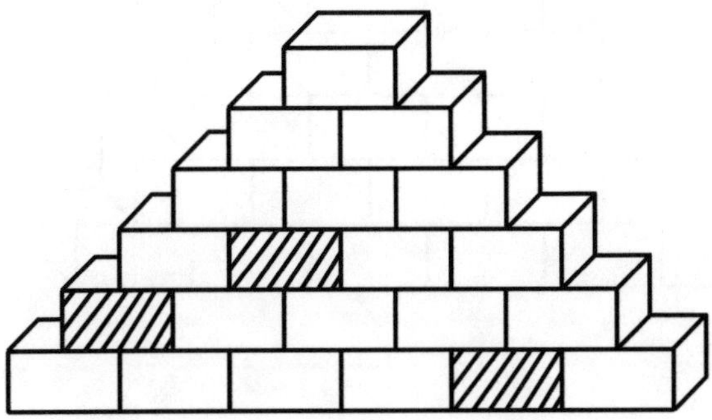

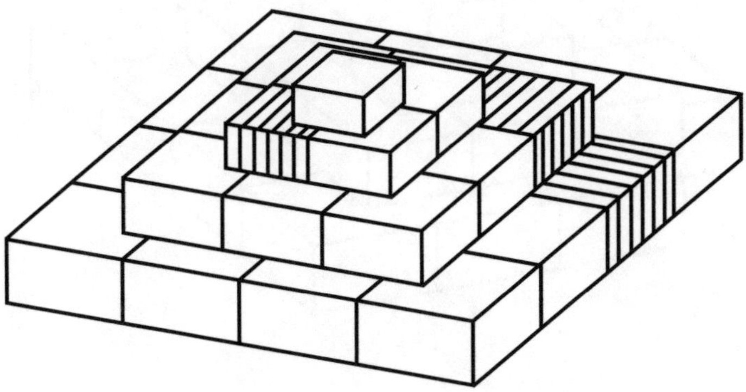

Mauerwerke

Welche Steine konnten Sie sich merken? 10 Steine werden hier gesucht.

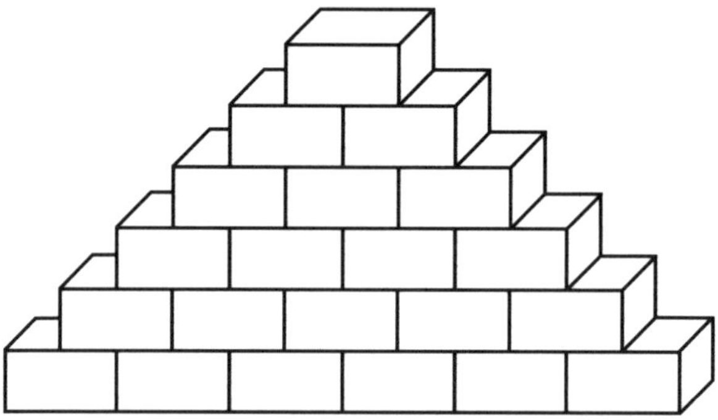

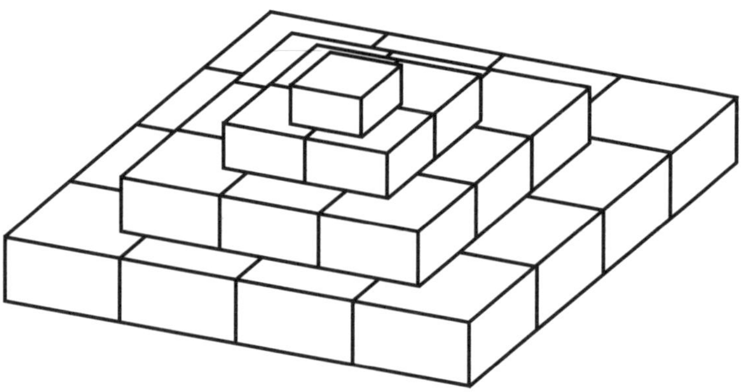

Mini-Kunstwerke

Füllen Sie bitte je 2 Felder dieser Mini-Kunstwerke mit Mustern Ihrer Wahl. Jetzt bekommen die Bilder eine neue Ausstrahlung. Merken Sie sich bitte Ihre Werke!

Mini-Kunstwerke

Restaurieren Sie die Bilder bitte aus dem Gedächtnis! Vorsicht, die Bilder wurden umgehängt.

Mauerwerke

Mauerwand und Pyramide enthalten jeweils 4 markierte Steine. Nun markieren Sie in Wand und Pyramide jeweils 2 weitere Steine. Merken Sie sich bitte alle 12 markierten Steine.

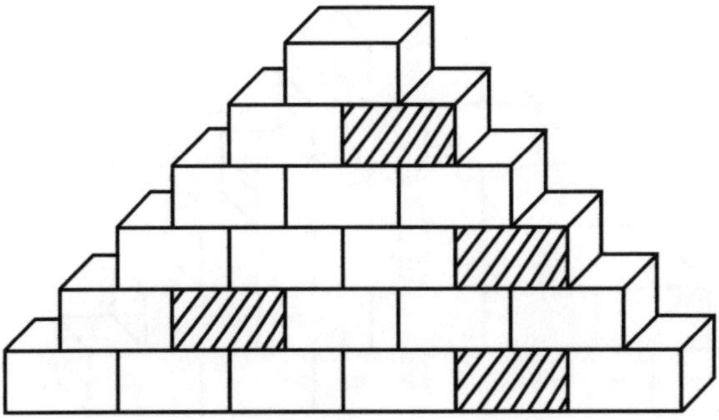

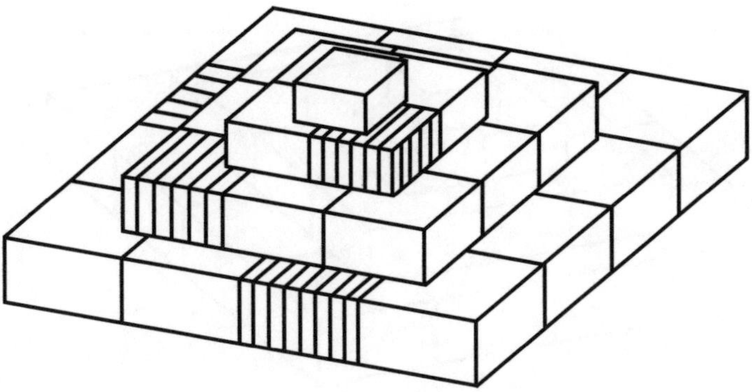

Mauerwerke

Welche Steine konnten Sie sich merken? 12 Steine werden hier gesucht.

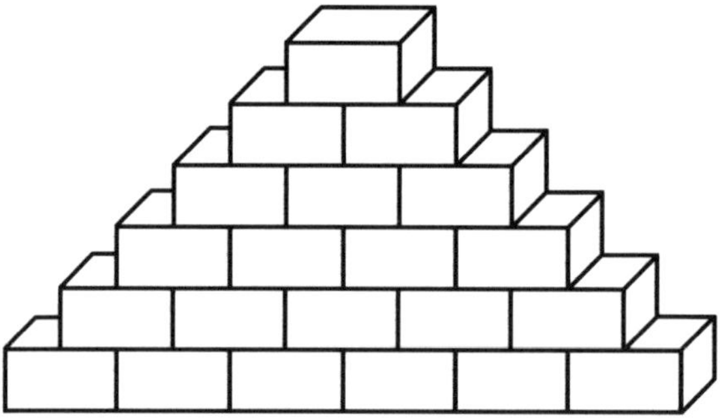

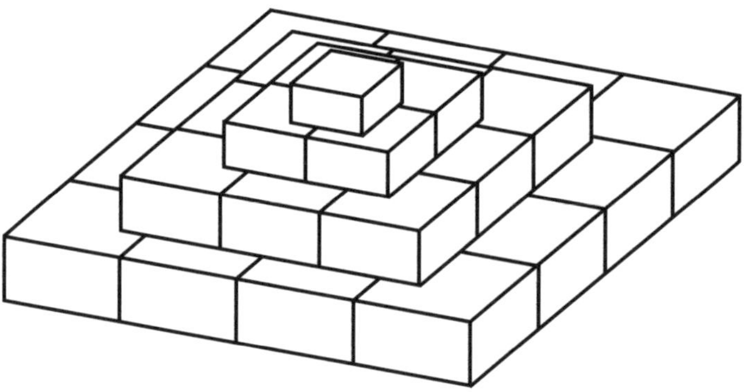

Mini-Kunstwerke

Füllen Sie bitte je 2 Felder dieser Mini-Kunstwerke mit Mustern Ihrer Wahl. Jetzt bekommen die Bilder eine neue Ausstrahlung. Merken Sie sich bitte Ihre Werke!

Mini-Kunstwerke

Restaurieren Sie die Bilder bitte aus dem Gedächtnis! Vorsicht, die Bilder wurden umgehängt.

Mauerwerke

Mauerwand und Pyramide enthalten jeweils 4 markierte Steine. Nun markieren Sie in Wand und Pyramide jeweils 3 weitere Steine. Merken Sie sich bitte alle 14 markierten Steine.

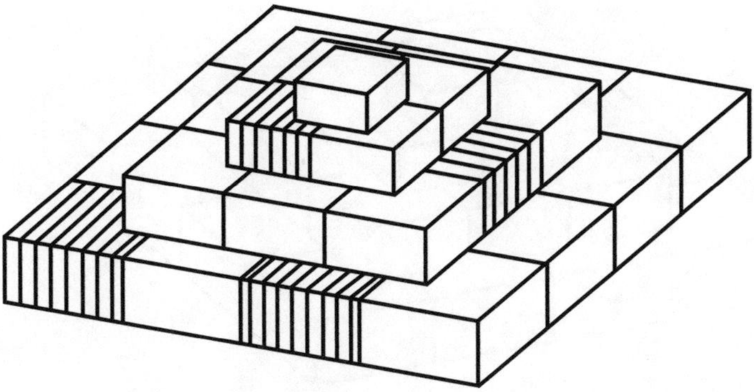

Mauerwerke

Welche Steine konnten Sie sich merken? 14 Steine werden hier gesucht.

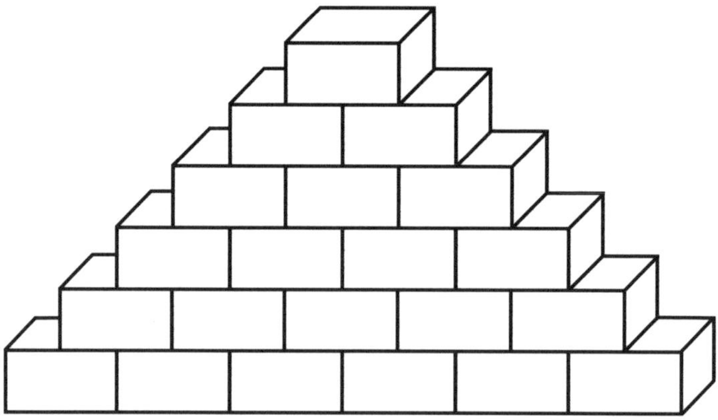

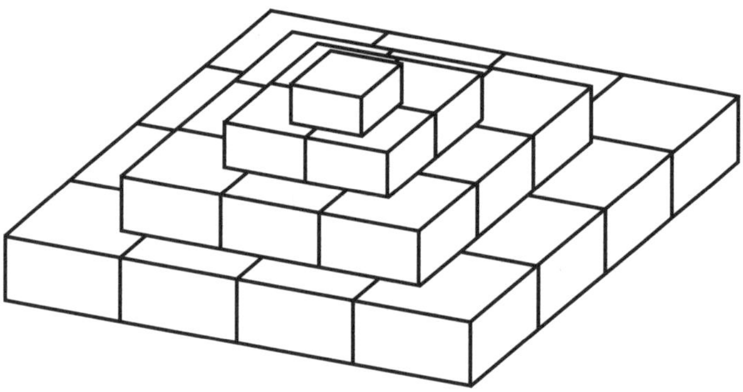

Mini-Kunstwerke

Füllen Sie bitte je 2 Felder dieser Mini-Kunstwerke mit Mustern Ihrer Wahl. Jetzt bekommen die Bilder eine neue Ausstrahlung. Merken Sie sich bitte Ihre Werke!

Mini-Kunstwerke

Restaurieren Sie die Bilder bitte aus dem Gedächtnis! Vorsicht, die Bilder wurden umgehängt.

Mauerwerke

Mauerwand und Pyramide enthalten jeweils 4 markierte Steine. Nun markieren Sie in Wand und Pyramide jeweils 5 weitere Steine. Merken Sie sich bitte alle 18 markierten Steine.

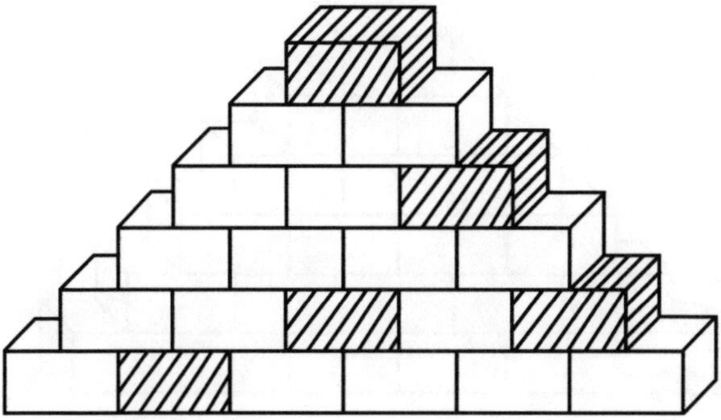

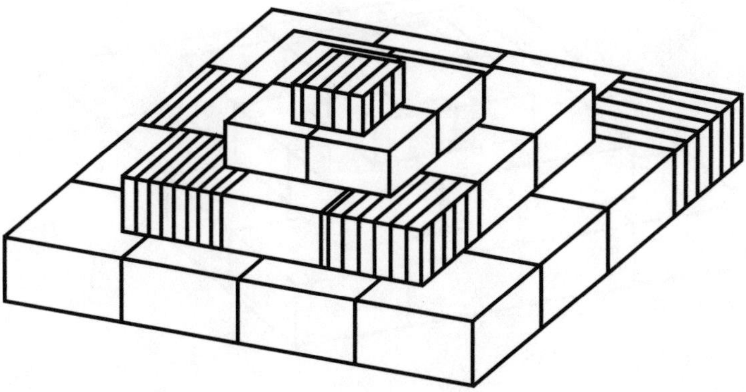

Mauerwerke

Welche Steine konnten Sie sich merken? 18 Steine werden hier gesucht.

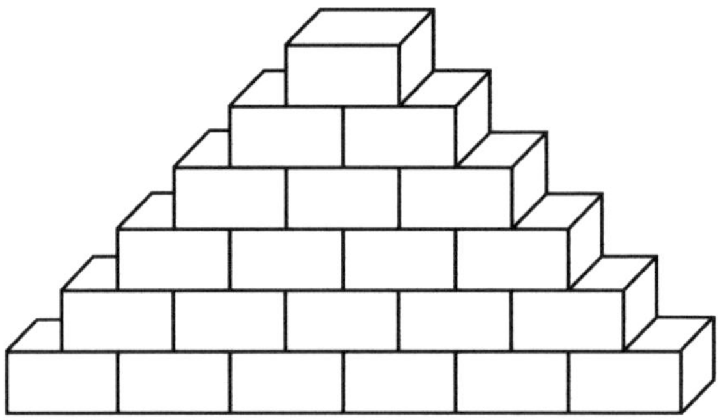

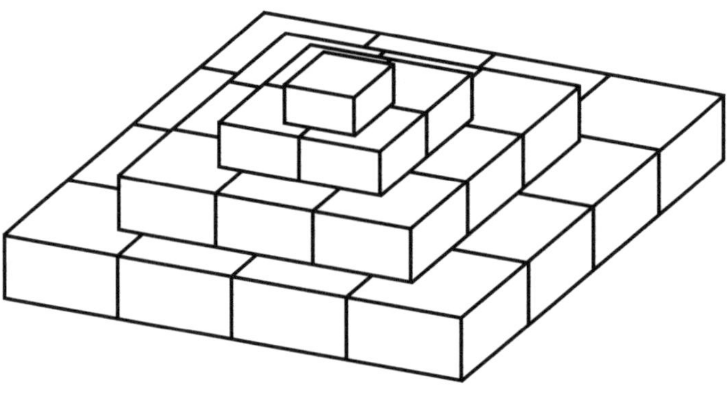

Mini-Kunstwerke

Füllen Sie bitte je 2 Felder dieser Mini-Kunstwerke mit Mustern Ihrer Wahl. Jetzt bekommen die Bilder eine neue Ausstrahlung. Merken Sie sich bitte Ihre Werke!

Mini-Kunstwerke

Restaurieren Sie die Bilder bitte aus dem Gedächtnis! Vorsicht, die Bilder wurden umgehängt.

Magischer Baum

Auf diesem magischen Baum, dem heimlichen Wunschbaum aller Kinder, wachsen Äpfel und Geldscheine.

Schreiben Sie die folgenden Werte in den Baum: 5, 5, 10, 10, 20.

Magischer Baum

Hinter welchem Blattwerk sind die Äpfel, und wo sind die Geldscheine: 5, 5, 10, 10, 20 ?

Magischer Baum

Auf diesem magischen Baum wachsen ebenfalls Geldscheine, schreiben Sie die folgenden Werte in den Baum: 5, 5, 5, 10, 10, 10, 20.

Magischer Baum

Hinter welchem Blattwerk wachsen hier Äpfel und wo sind die Geldscheine: 5, 5, 5, 10, 10, 10, 20 ?

Magischer Baum

Geld oder Liebe? Hier hängen bereits die Geldscheine. Zeichnen Sie 6 Herzen in den Baum, und merken Sie sich bitte möglichst viel!

Magischer Baum

Was können Sie sich besser merken? Geld oder Liebe?

Versunkene Schiffe

Versunkene Schiffe enthalten vielleicht Schätze, darum sollten sie gehoben werden. Die Schiffe sind verschieden lang und können senkrecht oder waagerecht eingezeichnet sein. Ergänzen Sie den Lageplan um 1 Zweier-Schiff und 2 Einer-Schiffe. Bitte alle merken.

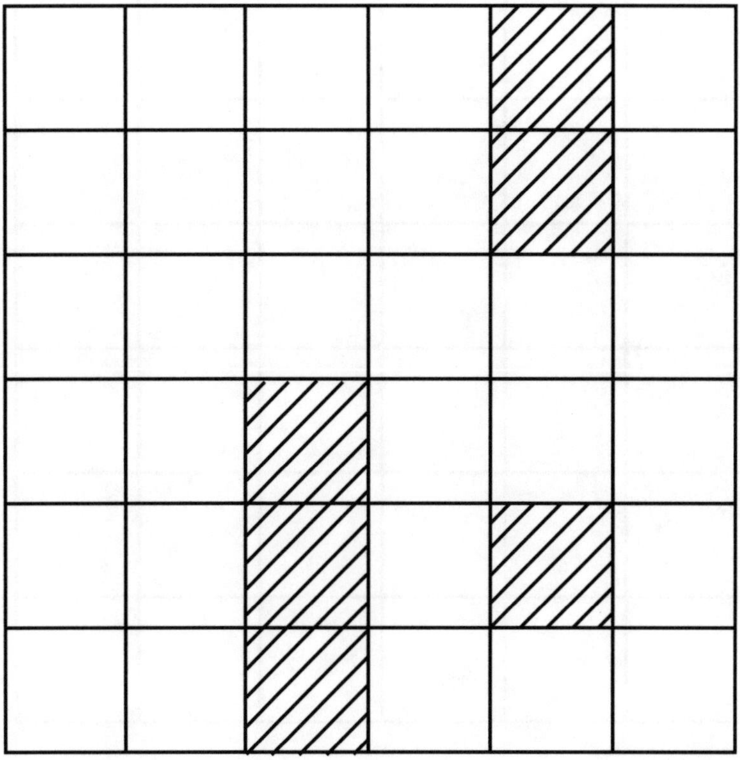

Versunkene Schiffe

Wo liegen die Schiffe, die Sie aus der Erinnerung heben ?

Versunkene Schiffe

Drei versunkene Schiffe sind bereits eingezeichnet, ergänzen Sie den Lageplan um 1 Zweier-Schiff und 4 Einer-Schiffe. Bitte alle merken.

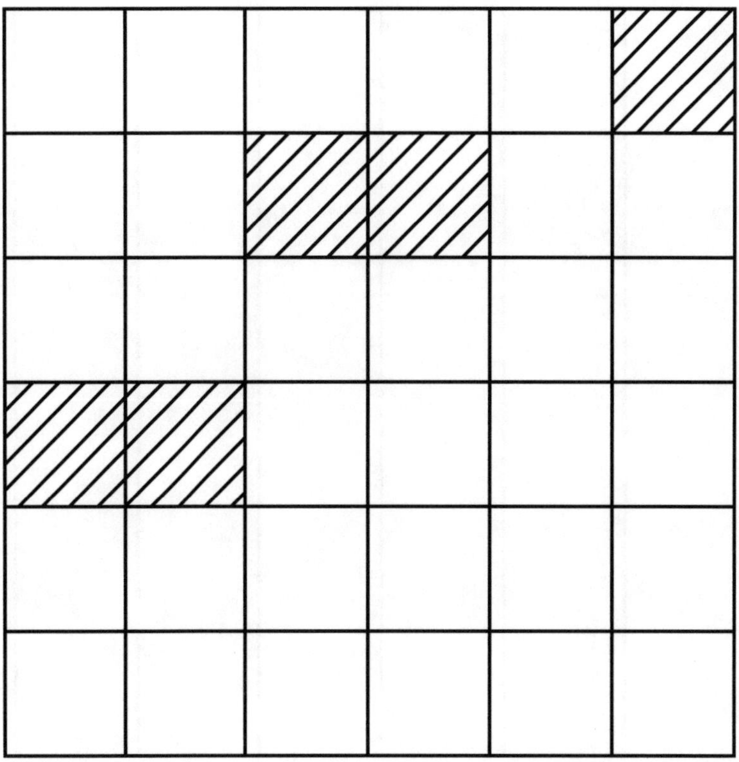

Versunkene Schiffe

Wo liegen die Schiffe, die Sie aus der Erinnerung heben ?

Versunkene Schiffe

Hier zeichnen Sie alle versunkenen Schiffe selbst ein, die eingezeichnete Insel ATLANTIS und das RIFF werden von Ihnen ausgespart. Zeichnen Sie: 1 Vierer-, 1 Dreier-, 1 Zweier-Schiff und 5 Einer-Schiffe. Bitte alle merken.

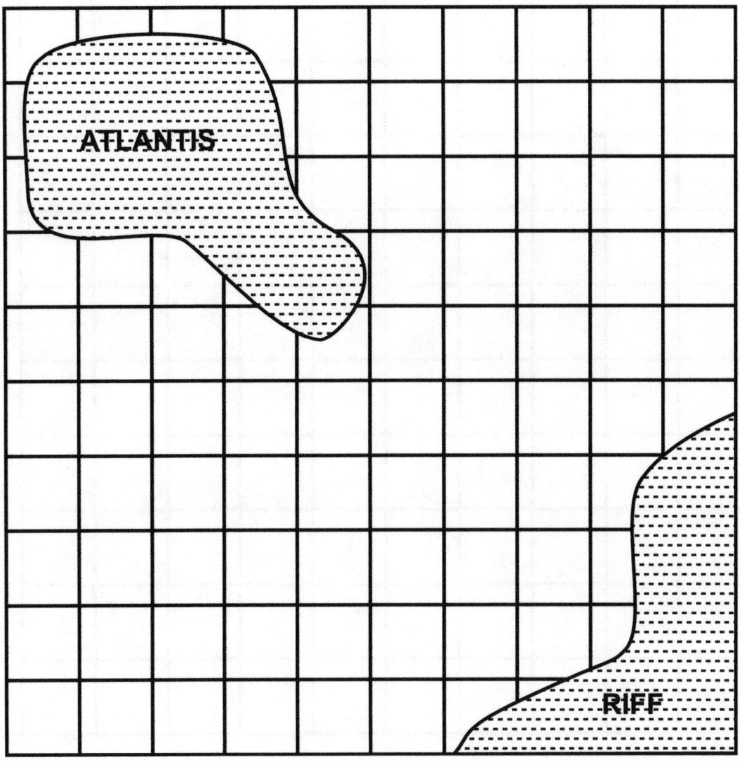

Versunkene Schiffe

Wo liegt ATLANTIS? Wo ist das Riff? Wo liegen die Schiffe, die Sie aus der Erinnerung heben ?

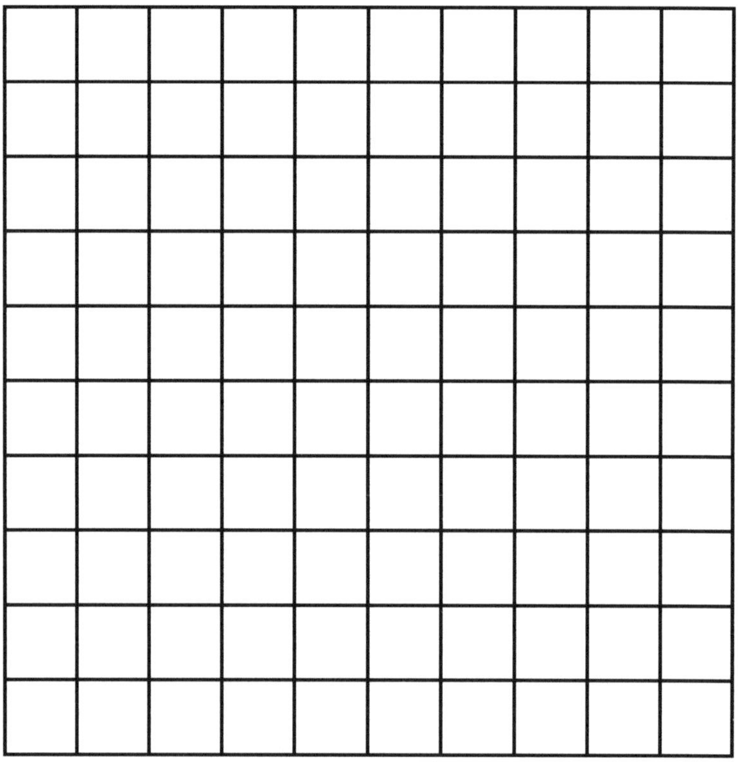

Mini-Kunstwerke

Füllen Sie bitte je 2 Felder dieser Mini-Kunstwerke mit Mustern Ihrer Wahl. Jetzt bekommen die Bilder eine neue Ausstrahlung. Merken Sie sich bitte Ihre Werke!

Mini-Kunstwerke

Restaurieren Sie die Bilder bitte aus dem Gedächtnis! Vorsicht, die Bilder wurden umgehängt.

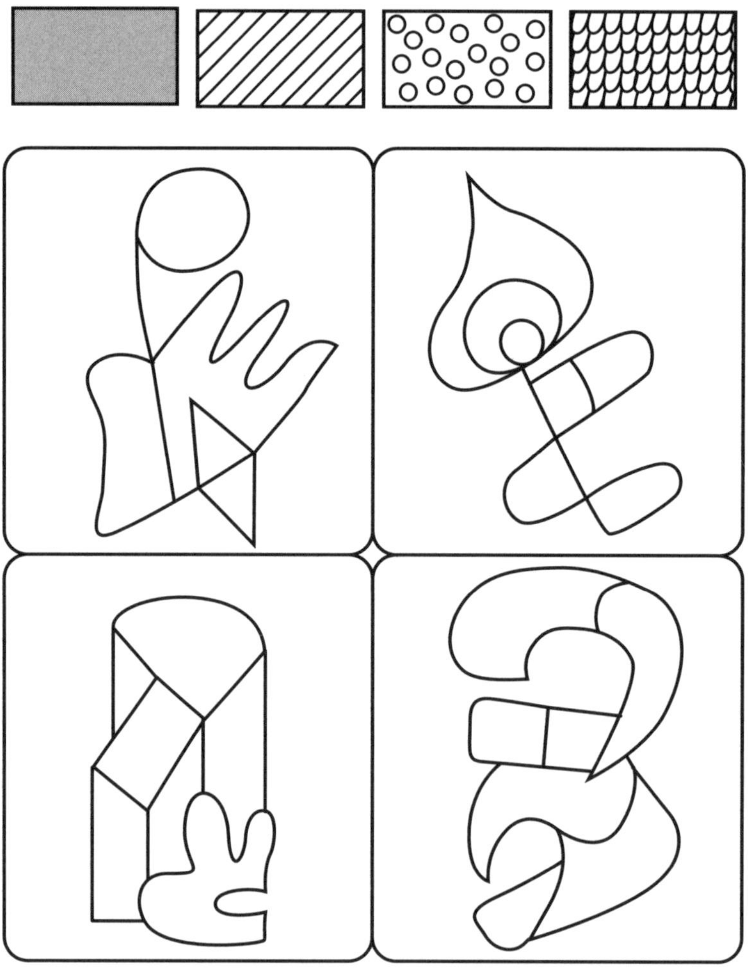

Zeichenstifte

3 Zeichenstifte haben bereits eine schwarze Spitze, zeichnen Sie nun 4 weitere schwarze Spitzen ein. Merken Sie sich danach bitte alle 7 Stifte.

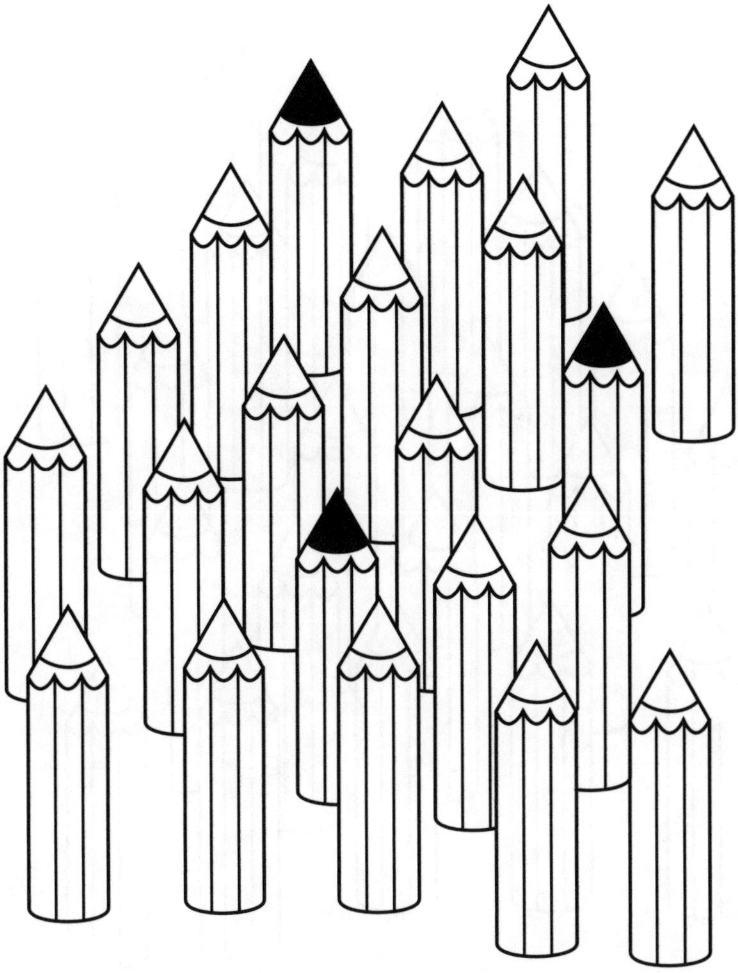

Zeichenstifte

Was sagt Ihre Erinnerung, welche sieben Stifte sollten eine schwarze Spitze bekommen?

Zeichenstifte

Vier Zeichenstifte haben bereits eine schwarze Spitze, zeichnen Sie nun 5 weitere schwarze Spitzen ein. Merken Sie sich danach bitte alle 9 Stifte.

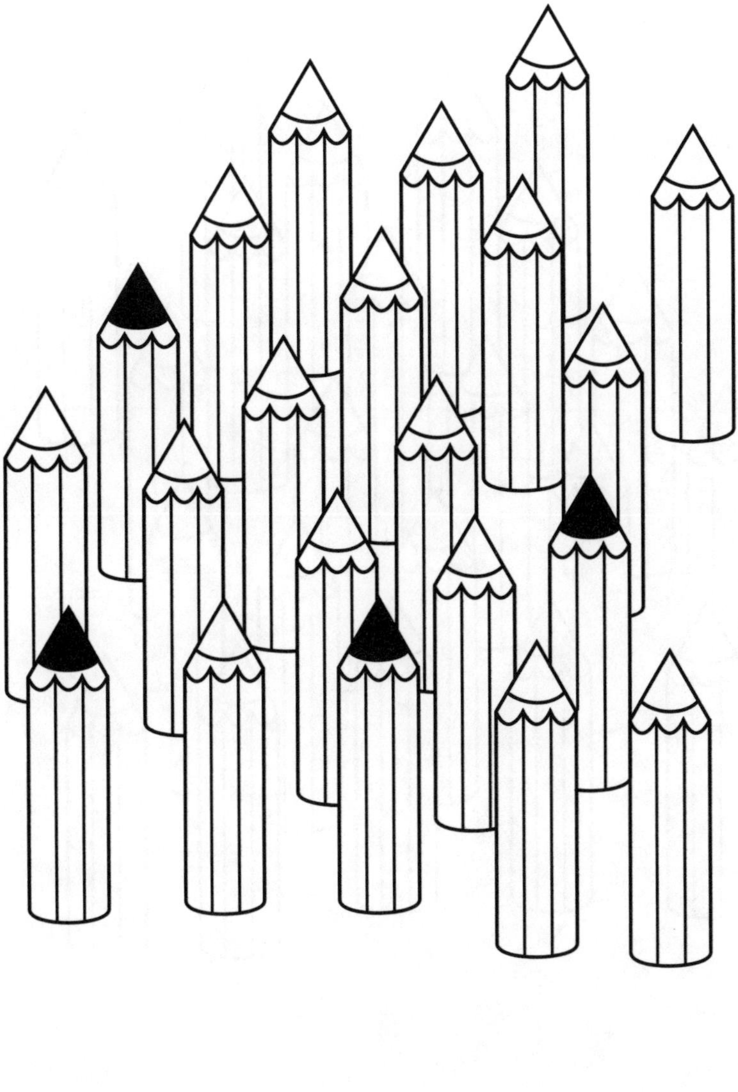

Zeichenstifte

Was sagt Ihre Erinnerung, welche 9 Stifte sollten eine schwarze Spitze bekommen?

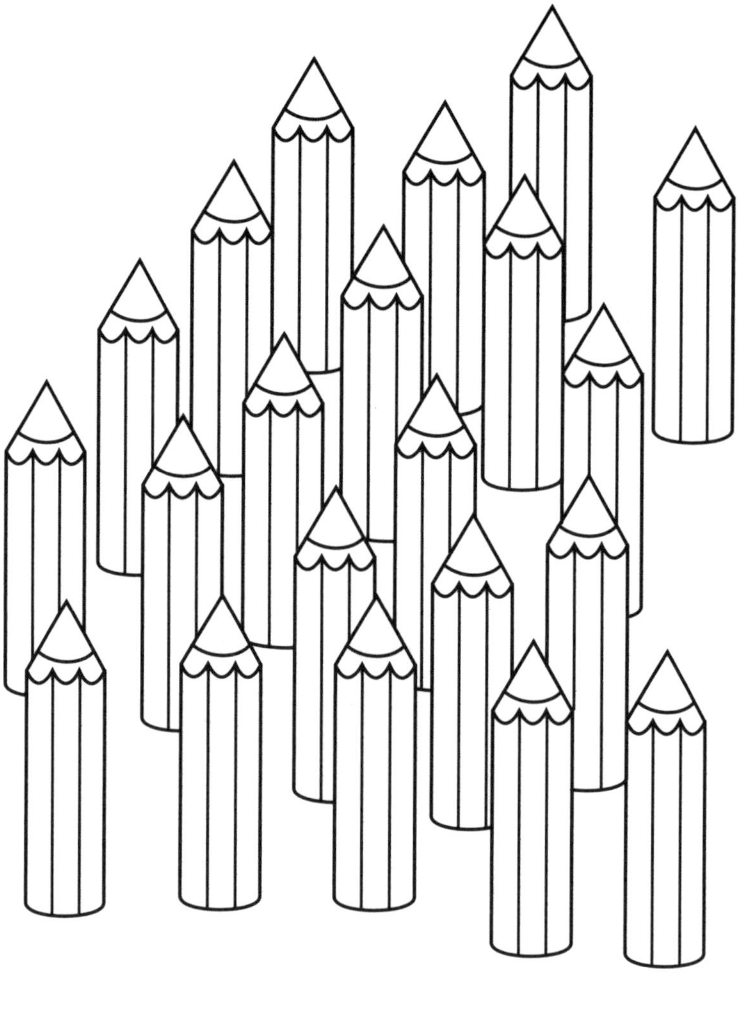

Mini-Kunstwerke

Füllen Sie bitte je 2 Felder dieser Mini-Kunstwerke mit Mustern Ihrer Wahl. Jetzt bekommen die Bilder eine neue Ausstrahlung. Merken Sie sich bitte Ihre Werke!

Mini-Kunstwerke

Restaurieren Sie die Bilder bitte aus dem Gedächtnis! Vorsicht, die Bilder wurden umgehängt.

Pillen

Drei Pillen sind bereits eingezeichnet. Sie zeichnen 5 Pillen einfarbig, nennen wir sie die „Giftpillen". Zusätzlich zeichnen Sie 3 mit einem gestreiften Muster, das sind die „Unwichtigen". Bitte 11 Pillen merken!

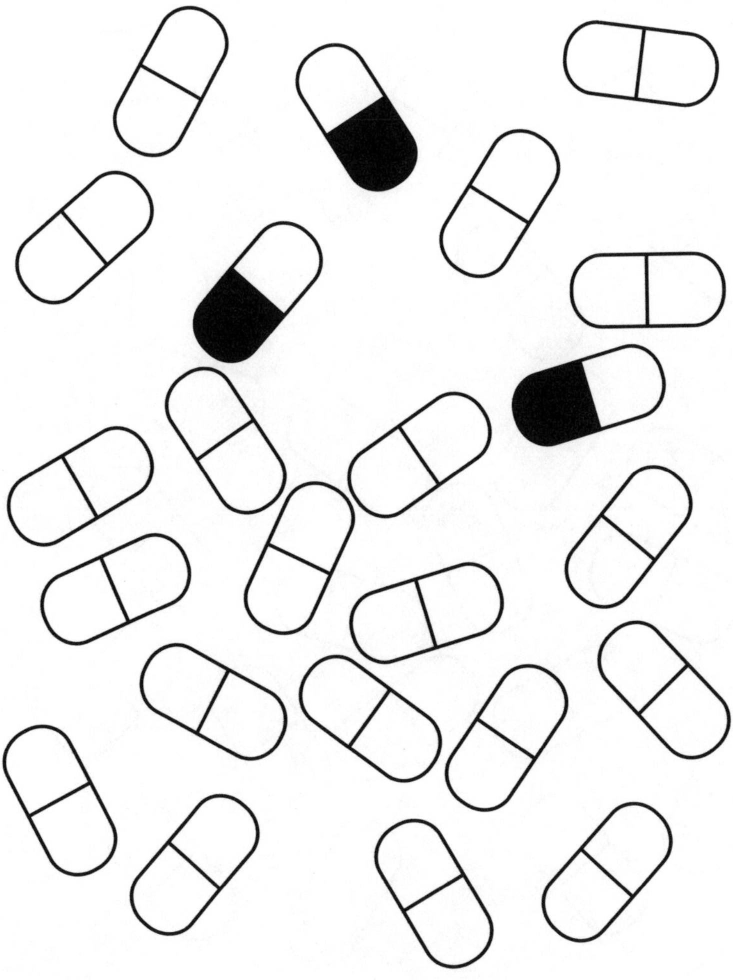

Pillen

Welche 3 Pillen waren vorgegeben und zur Hälfte dunkel? Welche 5 Giftpillen wurden von Ihnen gefüllt? Welche 3 harmlosen Pillen sollten nun gestreift sein?

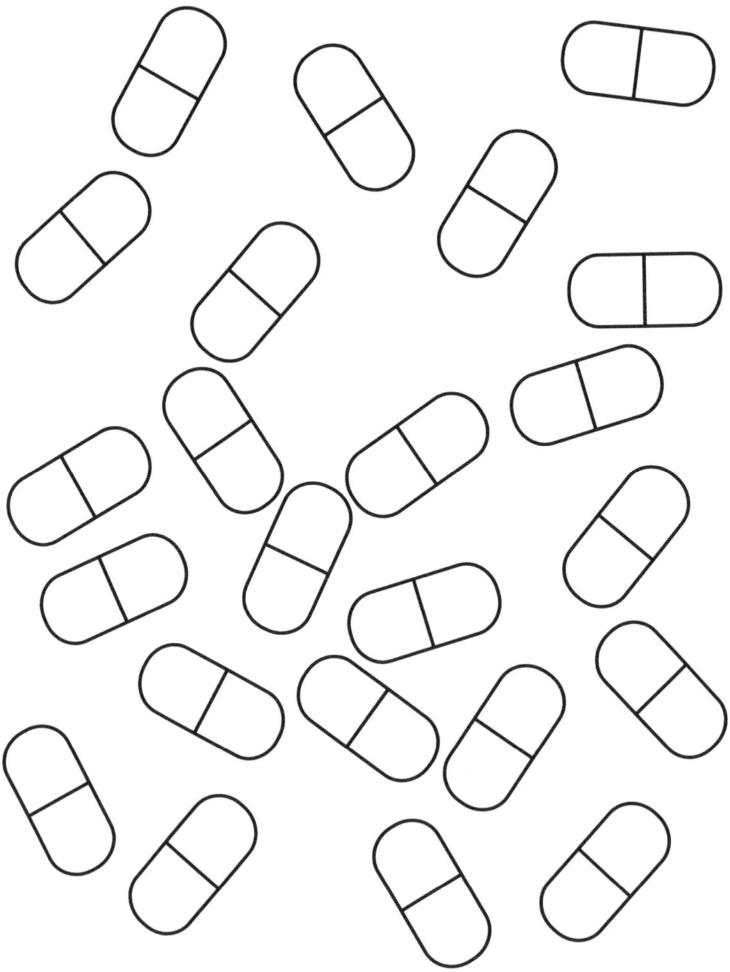

Pillen

Drei Pillen sind bereits eingezeichnet. Sie zeichnen 6 Pillen einfarbig, das sind die "Giftpillen". Zusätzlich zeichnen Sie 3 mit einem gestreiften Muster, das sind die „Unwichtigen“. Bitte 12 Pillen merken!

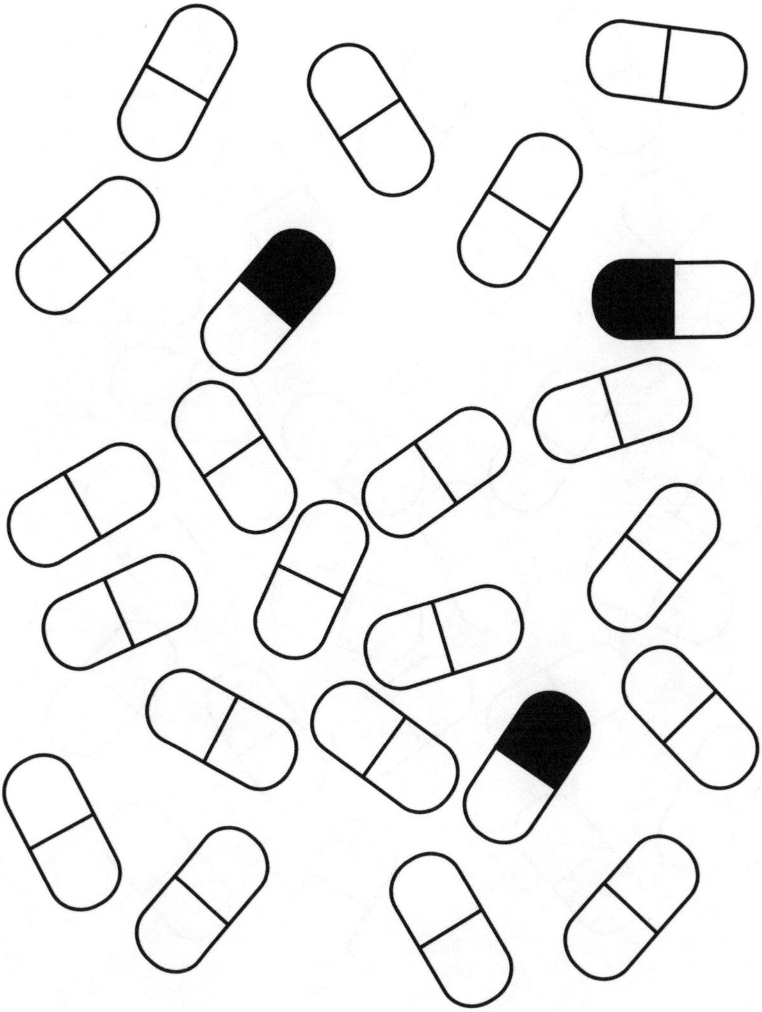

Pillen

Welche 3 Pillen waren vorgegeben und zur Hälfte dunkel? Welche 6 Giftpillen wurden von Ihnen gefüllt? Welche 3 harmlosen Pillen sollten nun gestreift sein?

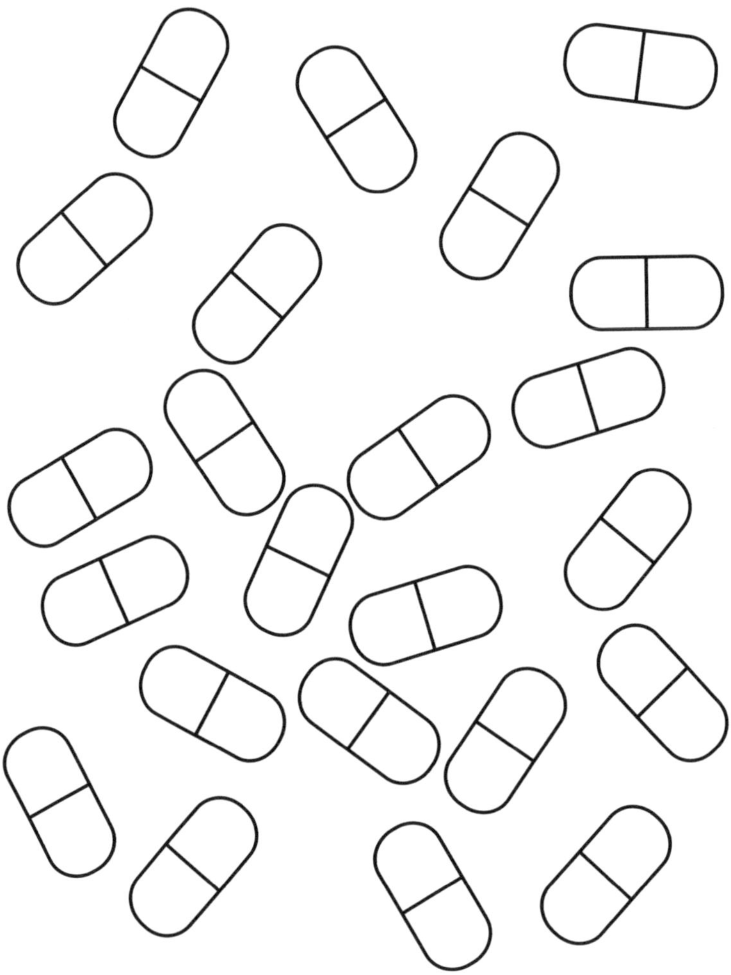

Pillen

Hier wurden 8 Pillen bereits mit einem Streifenmuster eingezeichnet. Sie zeichnen bitte 8 Pillen einfarbig hinzu. Bitte 16 Pillen merken!

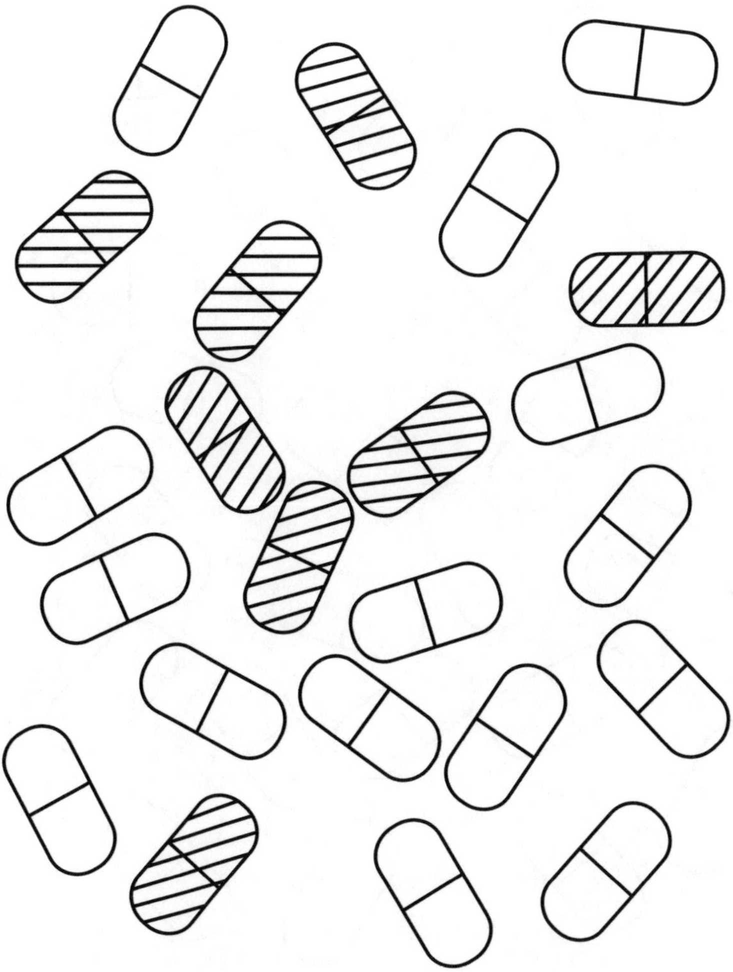

Pillen

Achtung: Welche Pillen müssen jetzt ohne Muster sein, kreisen sie die „leeren Pillen“ bitte ein!

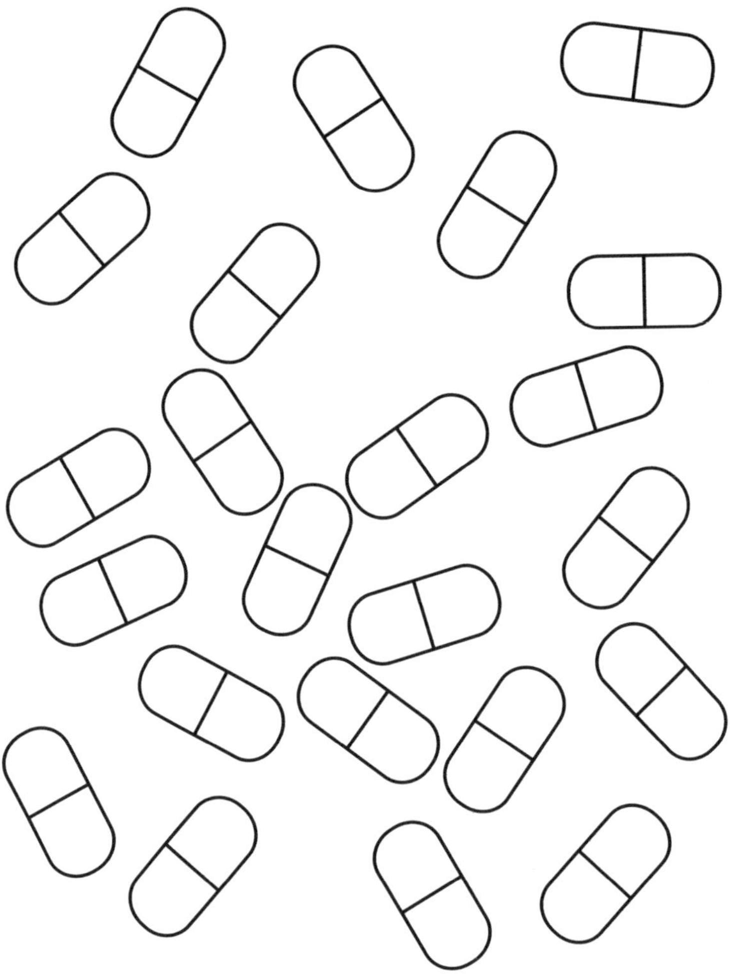

Mini-Kunstwerke

Füllen Sie bitte je 2 Felder dieser Mini-Kunstwerke mit Mustern Ihrer Wahl. Jetzt bekommen die Bilder eine neue Ausstrahlung. Merken Sie sich bitte Ihre Werke!

Mini-Kunstwerke

Restaurieren Sie die Bilder bitte aus dem Gedächtnis! Vorsicht, die Bilder wurden umgehängt.

Baumschule

Drei Arbeitsaufträge:

1. In dieser Baumschule werden 3 Bäume von Ihnen mit einem Lasso eingekreist, sie werden später einmal verpflanzt.
2. Sie streichen 4 Bäume, die werden gefällt.
3. Zwei Bäume wurden bereits verkauft, malen Sie diese bitte aus.

Baumschule

Finden Sie die gekennzeichneten Bäume.

3 Bäume wurden von Ihnen mit einem Lasso versehen.

4 Bäume tragen nun ein Kreuz, und

2 Bäume sind gefüllt.

Mini-Kunstwerke

Füllen Sie bitte je 2 Felder dieser Mini-Kunstwerke mit Mustern Ihrer Wahl. Jetzt bekommen die Bilder eine neue Ausstrahlung. Merken Sie sich bitte Ihre Werke!

Mini-Kunstwerke

Restaurieren Sie die Bilder bitte aus dem Gedächtnis! Vorsicht, die Bilder wurden umgehängt.

Herbstlaub

Ein paar Blätter sind es wert, heimgetragen zu werden. Wählen Sie 4 große und 4 kleine Blätter aus und zeichnen Sie die bitte an. Schwarze Blätter können Sie nicht wählen.

Konzentrieren Sie sich ganz auf Ihre Blätter!

Herbstlaub

Welche Blätter wollten Sie mitnehmen? Was sagt Ihr Gedächtnis dazu?

Herbstlaub

Wählen Sie erneut Blätter aus. Markieren Sie 4 Blätter jeder Sorte – also 16 Blätter.

Herbstlaub

Der Wind hat einige Blätter fort geweht. Zum Glück liegen Ihre Blätter noch, aber welche waren das?

Herbstlaub

Wie wäre es, wenn Sie diese Blätter mit einem Freund teilen würden? Zeichnen Sie bitte eine Trennungslinie durch den Blätterhaufen.

Herbstlaub

Wie haben Sie den Blätterhaufen geteilt? Wo verläuft Ihre Trennungslinie – laut Gedächtnis?

Mini-Kunstwerke

Füllen Sie bitte je 2 Felder dieser Mini-Kunstwerke mit Mustern Ihrer Wahl. Jetzt bekommen die Bilder eine neue Ausstrahlung. Merken Sie sich bitte Ihre Werke!

Mini-Kunstwerke

Restaurieren Sie die Bilder bitte aus dem Gedächtnis! Vorsicht, die Bilder wurden umgehängt.

Kieselsteine

In einem Flussbett liegen Kieselsteine. 3 Steine wurden bereits ausgewählt. Markieren Sie bitte 4 eigene Kieselsteine, und merken Sie sich bitte alle 7.

Kieselsteine

Welche 7 Kieselsteine haben Sie sich gemerkt?

Kieselsteine

Hier wurden bereits 5 Steine ausgewählt. Markieren Sie bitte 5 eigene Kieselsteine, und merken Sie sich bitte alle 10.

Kieselsteine

Welche 10 Kieselsteine haben Sie sich gemerkt?

Kieselsteine

Hier wurden bereits 7 Steine ausgewählt. Markieren Sie zusätzlich bitte 5 eigene Kieselsteine, und merken Sie sich alle 12.

Kieselsteine

Achtung: Welche Kieselsteine sind noch frei und waren zuletzt nicht markiert?

Regie

Sie bestimmen den Lauf einer Geschichte. Formen Sie die Bilder in Ihrer Vorstellung zu einer Geschichte. Wählen Sie stets 1 aus 4 Wahlmöglichkeiten für Ihre Geschichte. Unterstreichen Sie Ihre Wahlbegriffe.

Ein

Bäcker	Lehrer	Zahnarzt	Pilot

lernt in

Rom	Paris	Madrid	London

eine junge Frau kennen. Sie heißt

Marina	Lena	Wendy	Jenny

Sie studiert dort

Chemie	Jura	Informatik	Physik

Erstmals trafen sie sich auf dem Gelände des / der

Museums	Flughafens	Bahnhofs	Universität

Die junge Frau hatte ein wertvolles Erbstück verloren:

Brosche	Anhänger	Kette	Ring

Zum Glück fanden sie es, und sie lud ihn ein zur / auf

Anglerparty	Jagd	Dampferfahrt	Kirmes

Diese Love-Story endete mit

Mord	Trennung	Urlaub	Hochzeit

Regie

Wie hat sich Ihre Geschichte entwickelt?

Ein

Zahnarzt	Bäcker	Lehrer	Pilot

lernt in

Paris	London	Madrid	Rom

eine junge Frau kennen. Sie heißt

Jenny	Lena	Marina	Wendy

Sie studiert dort

Jura	Informatik	Chemie	Physik

Erstmals trafen sie sich auf dem Gelände des / der

Bahnhofs	Flughafens	Museums	Universität

Die junge Frau hatte ein wertvolles Erbstück verloren:

Brosche	Ring	Kette	Anhänger

Zum Glück fanden sie es, und sie lud ihn ein zur / auf

Anglerparty	Jagd	Kirmes	Dampferfahrt

Diese Love-Story endete mit

Urlaub	Hochzeit	Mord	Trennung

Fahnen

Hier wehen bereits 3 Fahnen im Wind. Zeichnen Sie 5 wehende Fahnen hinzu und merken Sie sich bitte alle 8 Fahnen.

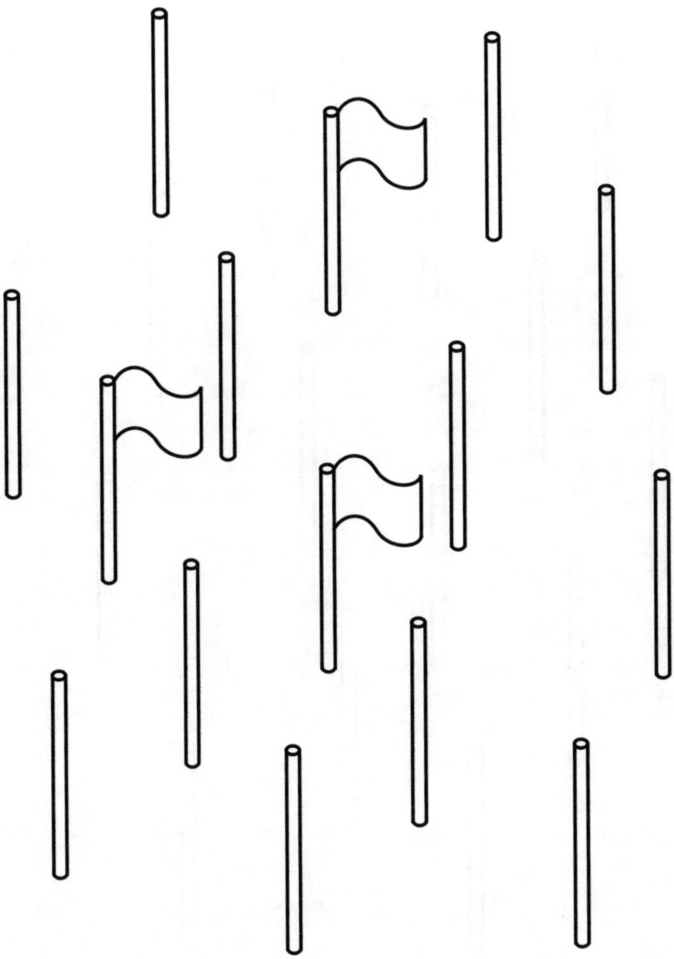

Fahnen

Hissen Sie alle 8 Fahnen aus dem Gedächtnis.

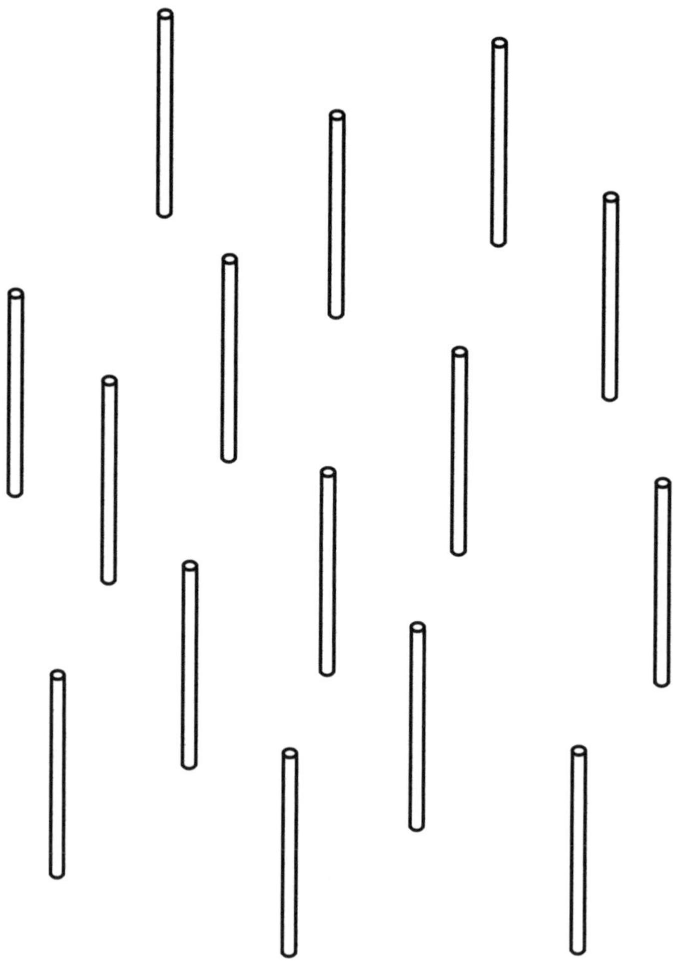

Fahnen

Hier weht 1 Fahne im Wind. Zeichnen Sie 10 wehende Fahnen hinzu und merken Sie sich bitte alle 11 Fahnen.

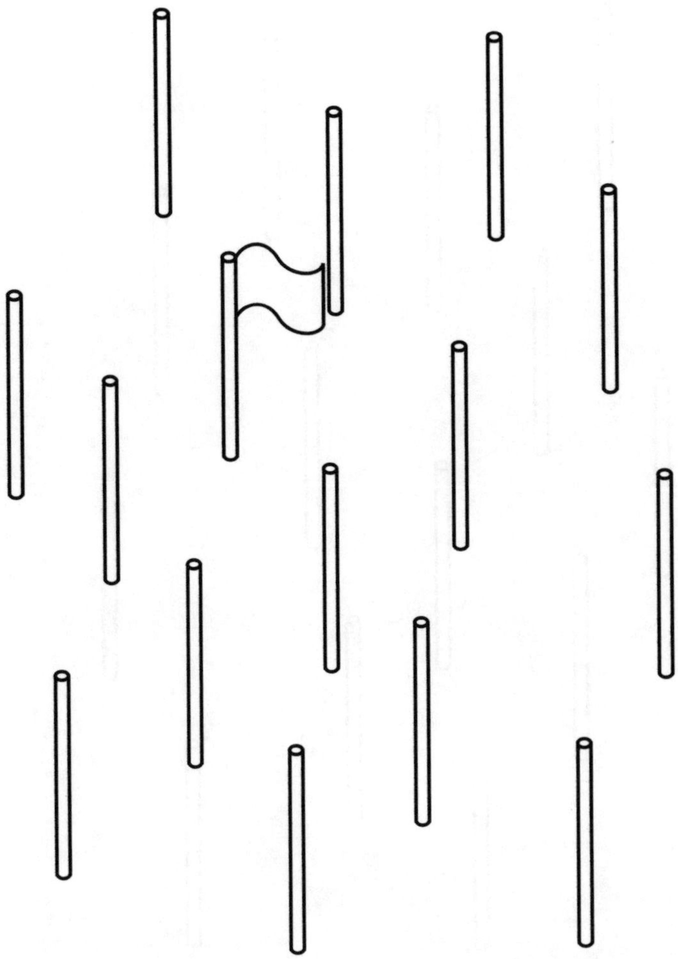

Fahnen

Achtung: Hissen Sie jetzt nur jene Fahnen, die zuvor ausgespart blieben!

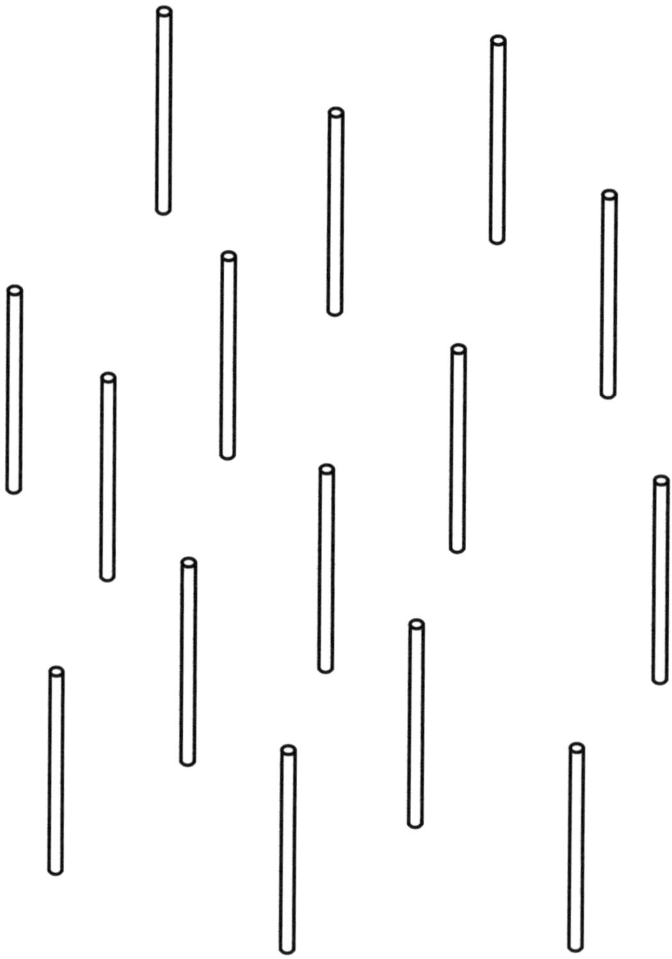

Regie

Sie bestimmen den Lauf einer Geschichte. Formen Sie die Bilder in Ihrer Vorstellung zu einer Geschichte. Wählen Sie stets 1 aus 4 Wahlmöglichkeiten für Ihre Geschichte. Unterstreichen Sie Ihre Wahlbegriffe.

Ein

Anwalt Detektiv Polizist Richter

betrachtete

Kopien Filme Photos Videos

die beweisen sollten, dass eine

Ehefrau Künstlerin Direktorin Baronin

nicht freiwillig in den Tod gesprungen war - von / vom

Balkon Dach Turm Brücke

Die Aufnahmen entstanden zufällig während einer

Kinderparty Gartenparty Hochzeit Beerdigung

Tatsächlich konnte man eine verdächtige Person entdecken, die sich zur Tatzeit ganz in der Nähe aufhielt. Ein Detail führte zu einem überraschenden Ergebnis:

Krücke Aktenkoffer Hut Siegelring

Am Ende kam es zu einer spektakulären

Verhaftung Flucht Aufklärung Verurteilung

Regie

Wie hat sich Ihre Geschichte entwickelt?

Ein

Detektiv	Polizist	Anwalt	Richter

betrachtete

Photos	Videos	Kopien	Filme

die beweisen sollten, dass eine

Künstlerin	Baronin	Ehefrau	Direktorin

nicht freiwillig in den Tod gesprungen war - von /vom

Dach	Brücke	Turm	Balkon

Die Aufnahmen entstanden zufällig während einer

Gartenparty	Hochzeit	Kinderparty	Beerdigung

Tatsächlich konnte man eine verdächtige Person entdecken, die sich zur Tatzeit ganz in der Nähe aufhielt. Ein Detail führte zu einem überraschenden Ergebnis:

Siegelring	Hut	Aktenkoffer	Krücke

Am Ende kam es zu einer spektakulären

Flucht	Verhaftung	Verurteilung	Aufklärung

Puzzlestücke

Diese Puzzlestücke gehören nicht zusammen. Zwei Teile finden Sie bereits markiert. Geben Sie 7 Teilen ein Streifenmuster. Merken Sie sich bitte alle 9 Teile.

Puzzlestücke

Welche 9 Teile wollten Sie sich merken? Zeichnen Sie sie bitte wie auf der Vorseite ein: 7 mit einem gestreiften und 2 mit einem karierten Muster.

Puzzlestücke

Hier werden die Puzzlestücke sortiert, indem sie mit einem Strich – wie mit einem Lasso – eingekreist werden. Fassen Sie jeweils mit einem Lasso 8 Teile zusammen, dann 5 Teile, dann 3 und schließlich 2 Teile.

Puzzlestücke

Wie wurden die Puzzlestücke von Ihnen gruppiert? Je ein Lasso liegt um 8 Teile, um 5, um 3 und um 2 Teile.

Platzgestaltung

Sie gestalten diesen Marktplatz. Um den Marktplatz herum sollen Geschäfte aller Art eingerichtet werden. Welche Geschäfte tragen Sie in die Felder ein? Lassen Sie den Marktplatz in Ihrer Vorstellung lebendig werden.

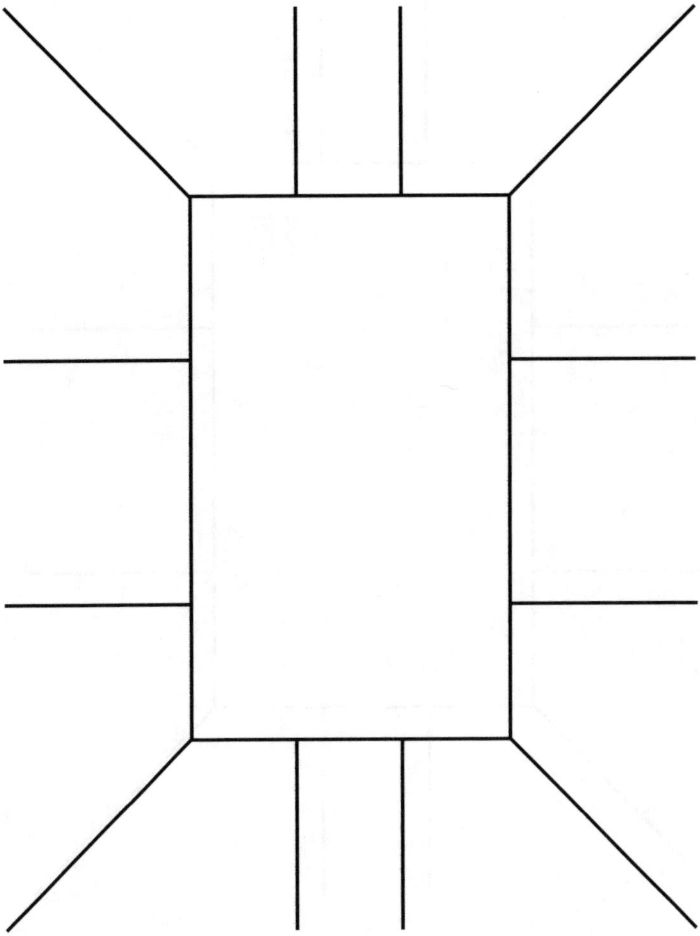

Platzgestaltung

Welche Geschäfte haben Sie rund um den Marktplatz eingeplant?

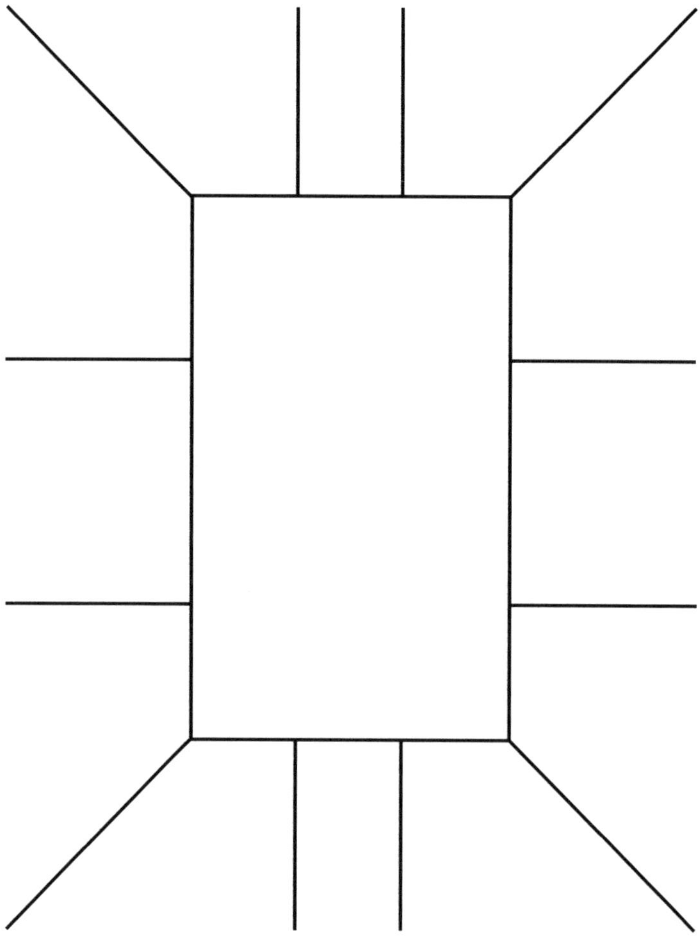

Herzensangelegenheiten

Entwerfen Sie aussagekräftige Herzen, ähnlich den drei Beispielen.
Zeichnen Sie Ihre Ideen ein.

Herzensangelegenheiten

Wie war die Reihenfolge Ihrer Entwürfe, welche Ideen können Sie erinnern?

Platzgestaltung

Sie gestalten eine Kirmes. Vergeben Sie für Karussells und Buden die vorgesehenen Stellplätze. Welche Schausteller platzieren Sie wo? Beschriften Sie die Felder, und lassen Sie die Kirmes in Ihrer Vorstellung lebendig werden.

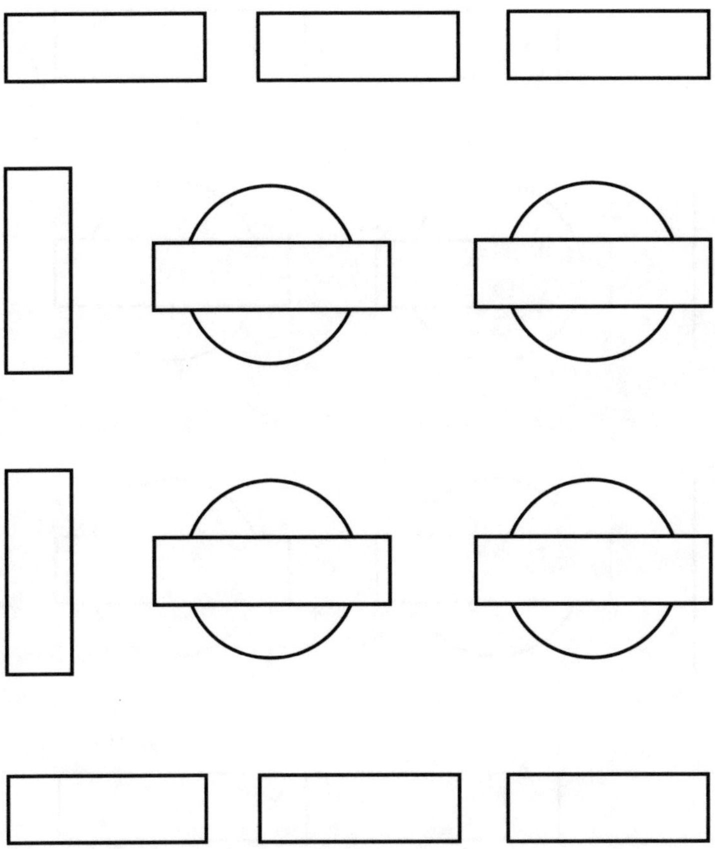

Platzgestaltung

Welche Schausteller haben Sie für welchen Platz vorgesehen?

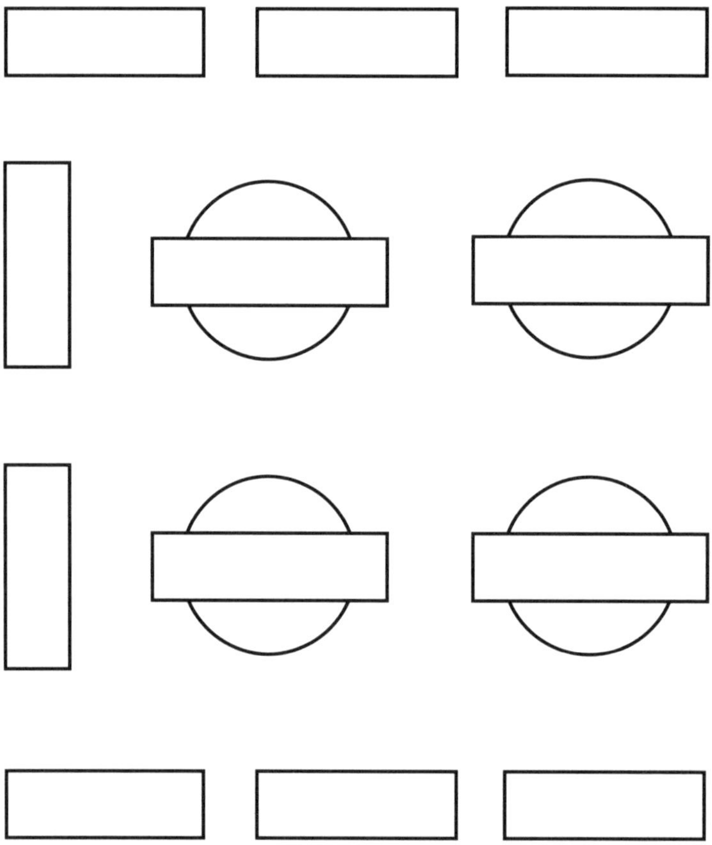

Mini-Kunstwerk

In dieser Zeichnung wurden bereits 6 Felder gefüllt.

Zeichnen Sie 5 Flächen an und merken Sie sich dann bitte insgesamt 11 Felder.

Mini-Kunstwerk

Welche Felder malen Sie nun aus, damit dieses Mini-Kunstwerk mit dem Original der Vorderseite übereinstimmt?

Platzgestaltung

Sie gestalten einen Spielplatz. Welche Spielmöglichkeiten richten Sie auf den Feldern für die Kinder ein? Tragen Sie Ihre Ideen in die Felder ein, und lassen Sie den Spielplatz in Ihrer Vorstellung lebendig werden.

Platzgestaltung

Welche Spielmöglichkeiten haben Sie für welchen Platz vorgesehen?

Weg nach irgendwo

Es ist Ihre Aufgabe sich den vorgegebenen Weg zu merken. Fahren Sie den Weg mit Ihrem Stift dreimal nach und blättern Sie danach bitte um.

Weg nach irgendwo

Zeichnen Sie den Weg bitte neu ein. Schauen Sie ob Ihre Hand den Zeichenweg erinnert.

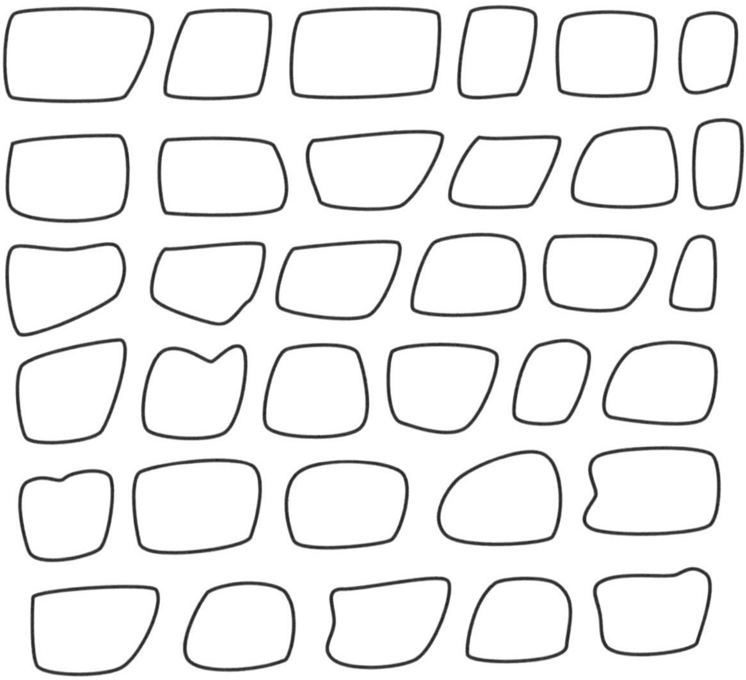

Regie

Sie bestimmen den Lauf einer Geschichte. Formen Sie die Bilder in Ihrer Vorstellung zu einer Geschichte. Wählen Sie stets 1 aus 4 Wahlmöglichkeiten, unterstreichen Sie Ihre Wahlbegriffe.

Auf der Insel

Baltrum	Sylt	Borkum	Juist

direkt an / am

Hafen	Bucht	Kai	Strand

fand ein

Fischer	Urlauber	Matrose	Schüler

ein / eine / einen

Seekiste	Seesack	Flaschenpost	Fass

mit kostbarem Inhalt:

Schmuck	Gold	Münzen	Juwelen

Hastig packte er den Inhalt in eine / einen

Rucksack	Mülltüte	Koffer	Karton

In den nächsten Tagen träumte er nur noch von einer Reise nach

Canada	Panama	Island	China

und wagte es nicht, jemandem davon zu erzählen. Tatsächlich müssen wertvolle Fundstücke gemeldet werden – bei / beim

Polizei	Rathaus	Museum	Zoll

Der Fund kam an die Öffentlichkeit und wurde dann

verschenkt	gestohlen	versteigert	verkauft

Regie

Wie hat sich Ihre Geschichte entwickelt?

Auf der Insel

Sylt	Borkum	Baltrum	Juist

direkt an / am

Strand	Bucht	Hafen	Kai

fand ein

Urlauber	Schüler	Matrose	Fischer

ein / eine / einen

Seesack	Seekiste	Flaschenpost	Fass

mit kostbarem Inhalt:

Münzen	Gold	Schmuck	Juwelen

Hastig packte er den Inhalt in eine / einen

Mülltüte	Karton	Koffer	Rucksack

In den nächsten Tagen träumte er nur noch von einer Reise nach

Canada	Island	China	Panama

und wagte es nicht, jemandem davon zu erzählen. Tatsächlich müssen wertvolle Fundstücke gemeldet werden – bei / beim

Rathaus	Polizei	Zoll	Museum

Der Fund kam an die Öffentlichkeit und wurde dann

versteigert	gestohlen	verschenkt	verkauft

Weg nach irgendwo

Prägen Sie sich den Weg bitte ein. Fahren Sie den Weg mit Ihrem Stift dreimal nach und blättern Sie danach bitte um.

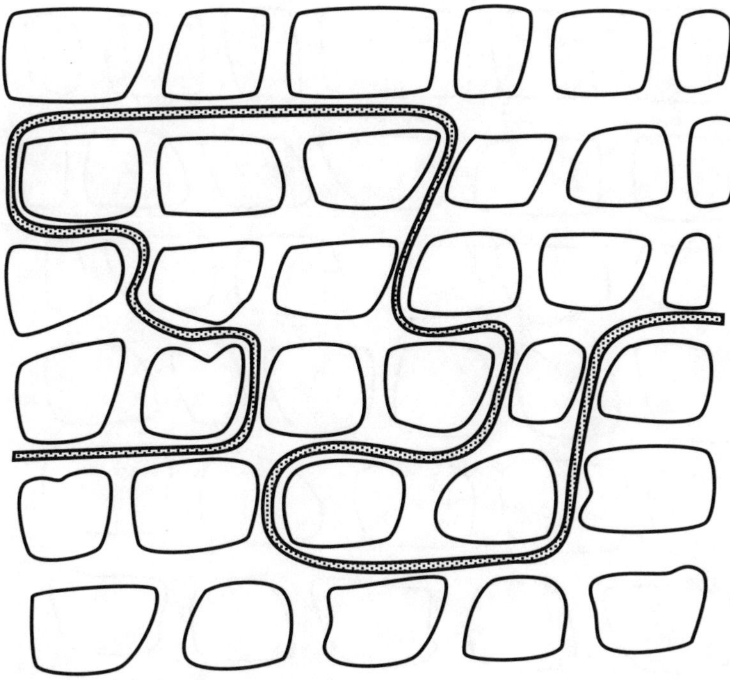

Weg nach irgendwo

Zeichnen Sie den Weg bitte neu ein. Schauen Sie ob Ihre Hand den Zeichenweg erinnert.

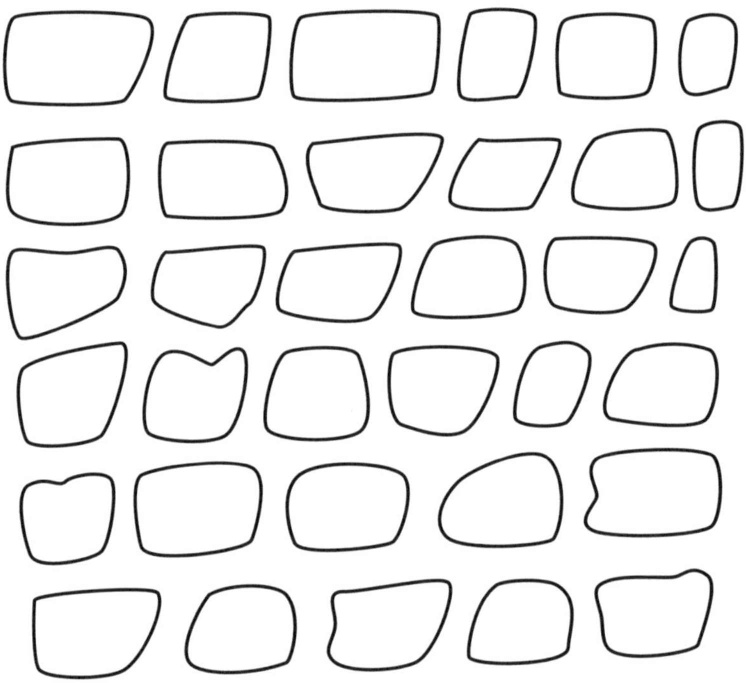

Regie

Sie bestimmen den Lauf einer Geschichte. Formen Sie die Bilder in Ihrer Vorstellung zu einer Geschichte. Wählen Sie stets 1 aus 4 Wahlmöglichkeiten für Ihre Geschichte. Unterstreichen Sie Ihre Wahlbegriffe.

Herr

Molte	Kalven	Klüver	Wilke

gönnte sich am

Samstag	Sonntag	Montag	Mittwoch

einen Besuch im Kino:

Lux	Cinema	Global	Kamera

Er besuchte einen

Horrorfilm	Actionfilm	Trickfilm	Liebesfilm

Zu seiner Überraschung erhielt jeder Besucher kostenlos

Eis	Cola	Popcorn	Kaffee

Der Anlaß war ein / eine

Brand	Filmriss	Werbung	Premiere

Nach der Vorstellung begann allerdings erst die Aufregung des Tages: sein Wagen – ein

Fiat	Volvo	Audi	Nissan

war

verkratzt	gestohlen	abgeschleppt	aufgebrochen

Der Schaden belief sich auf

DM 2700	DM 2500	DM 1500	DM 1700

Regie

Wie hat sich Ihre Geschichte entwickelt?

Herr

Klüver	Kalven	Molte	Wilke

gönnte sich am

Montag	Mittwoch	Samstag	Sonntag

einen Besuch im Kino:

Cinema	Lux	Kamera	Global

Er besuchte einen

Actionfilm	Liebesfilm	Trickfilm	Horrorfilm

Zu seiner Überraschung erhielt jeder Besucher kostenlos

Cola	Popcorn	Eis	Kaffee

Der Anlaß war ein / eine

Premiere	Filmriss	Werbung	Brand

Nach der Vorstellung begann allerdings erst die Aufregung des Tages: sein Wagen – ein

Audi	Volvo	Fiat	Nissan

war

verkratzt	gestohlen	abgeschleppt	aufgebrochen

Der Schaden belief sich auf

DM 2500	DM 1500	DM 2700	DM 1700

Blattgemeinschaft

Dieses Blatt bietet den Lebensraum für 3 Würmchen und 2 Käferchen, die Sie bitte einzeln in die Felder einzeichnen. Die markierten Felder kommen nicht in Frage.

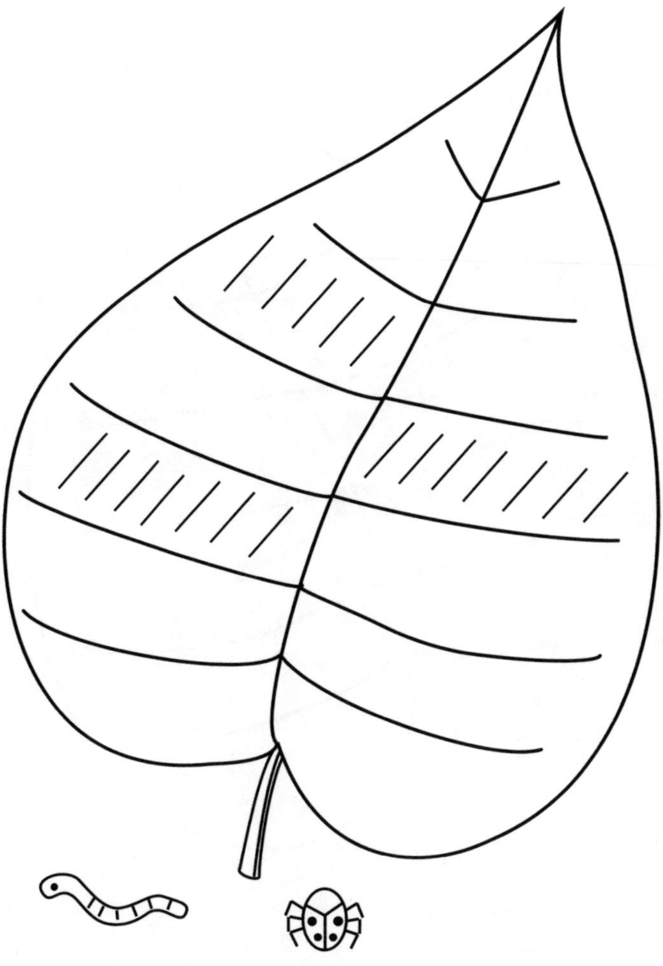

Blattgemeinschaft

Wo sitzen Ihre 3 Würmchen und Ihre 2 Käferchen?

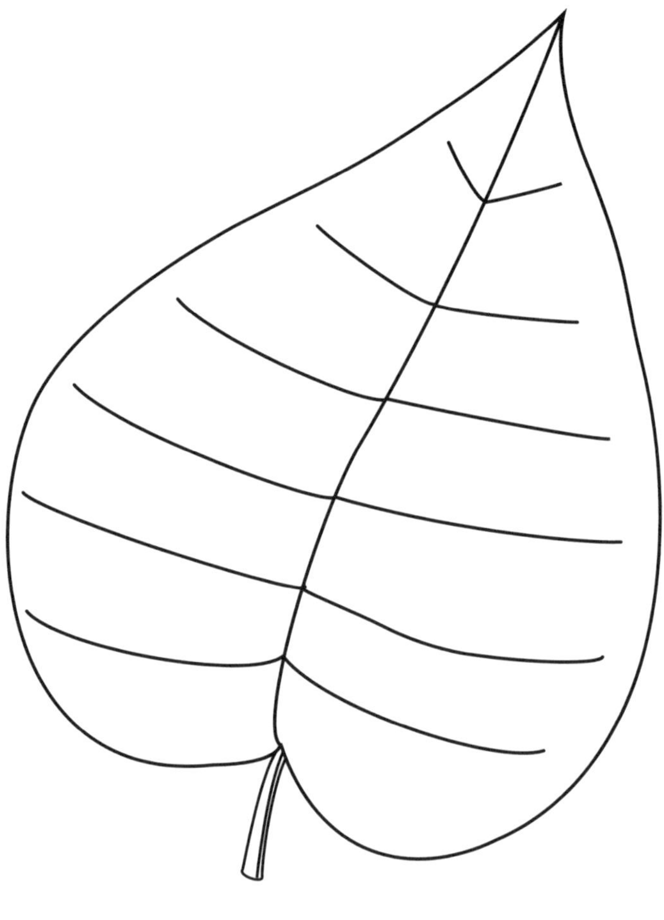

Blattgemeinschaft

Dieses Blatt bietet den Lebensraum für 3 Würmchen, 3 Käferchen und 2 Schnecken, die Sie bitte einzeln in die Felder einzeichnen. Die markierten Felder kommen nicht in Frage.

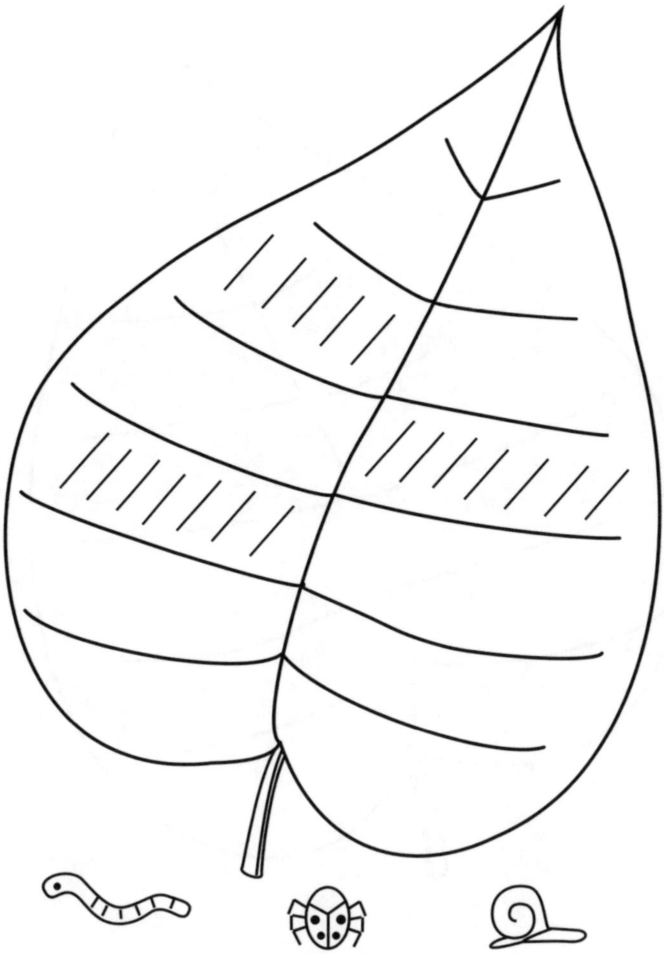

Blattgemeinschaft

Wo sitzen Ihre 3 Würmchen, Ihre 3 Käferchen und Ihre 2 Schnecken?

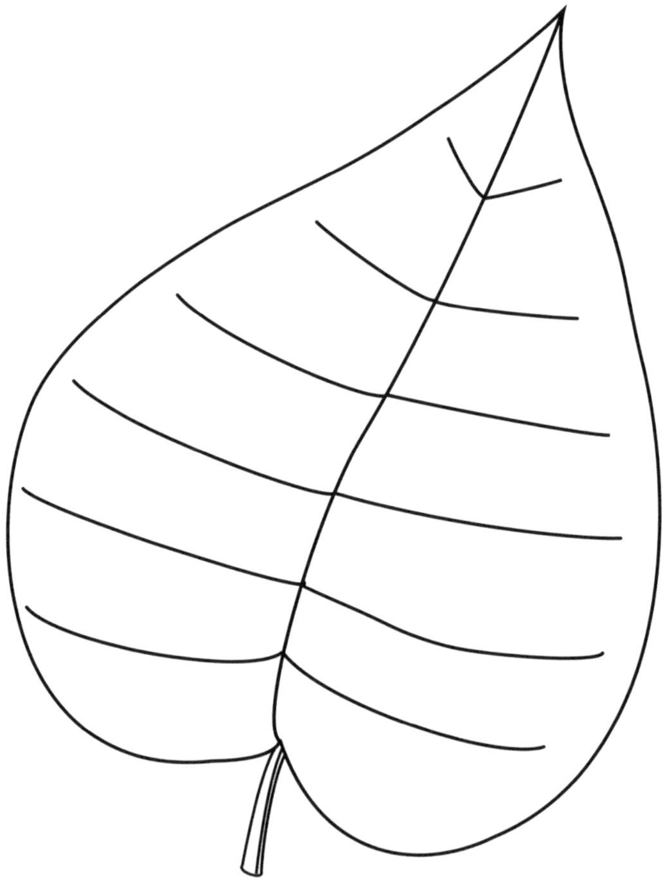

Dunkle Fenster

Vielleicht sind die Bewohner im Urlaub. Merken Sie sich jetzt bitte die 4 dunklen Fenster und zeichnen Sie 4 weitere dunkel. Merken Sie sich bitte 8 Fenster.

Dunkle Fenster

Finden Sie die 8 dunklen Fenster wieder?

Dunkle Fenster

Merken Sie sich bitte die 6 dunklen Fenster, die bereits markiert wurden und zeichnen Sie 6 weitere dunkel. Merken Sie sich bitte 12 Fenster.

Dunkle Fenster

Finden Sie die 12 dunklen Fenster wieder?

Dunkle Fenster

Merken Sie sich bitte die 8 dunklen Fenster, die bereits markiert wurden und zeichnen Sie 6 weitere dunkel. Merken Sie sich jetzt bitte 16 Fenster.

Dunkle Fenster

Finden Sie die 16 dunklen Fenster wieder?

Weg nach anderswo

Prägen Sie sich den Weg genau ein. Fahren Sie den Weg mit dem Stift dreimal nach.

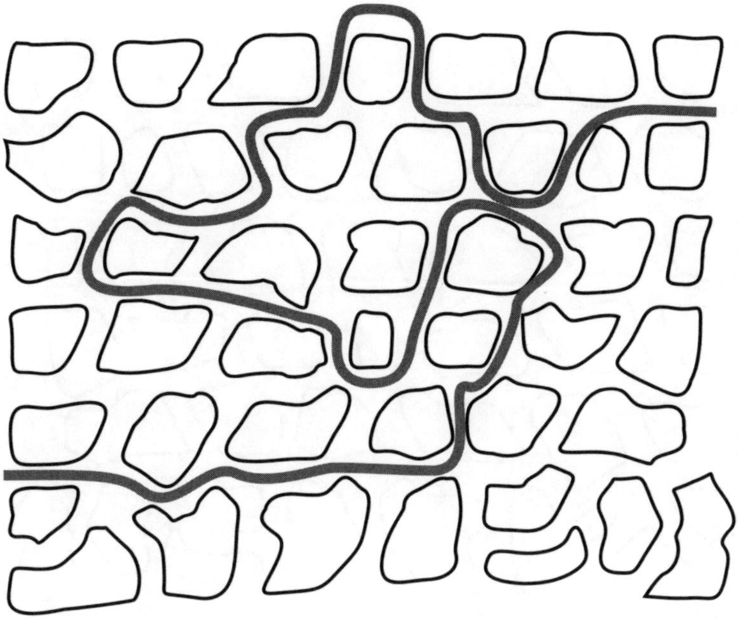

Weg nach anderswo

Gelingt es Ihnen, den Weg neu einzuzeichnen?

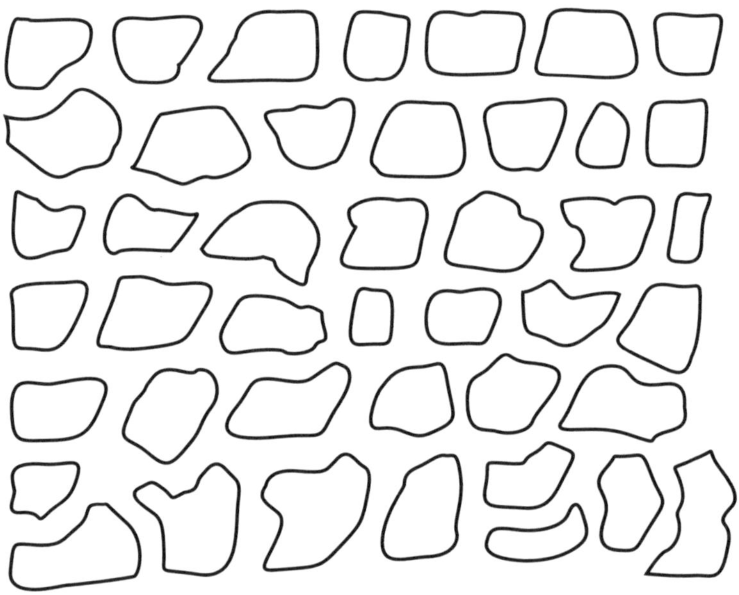

Weg nach anderswo

Prägen Sie sich den Weg genau ein. Fahren Sie den Weg mit dem Stift dreimal nach.

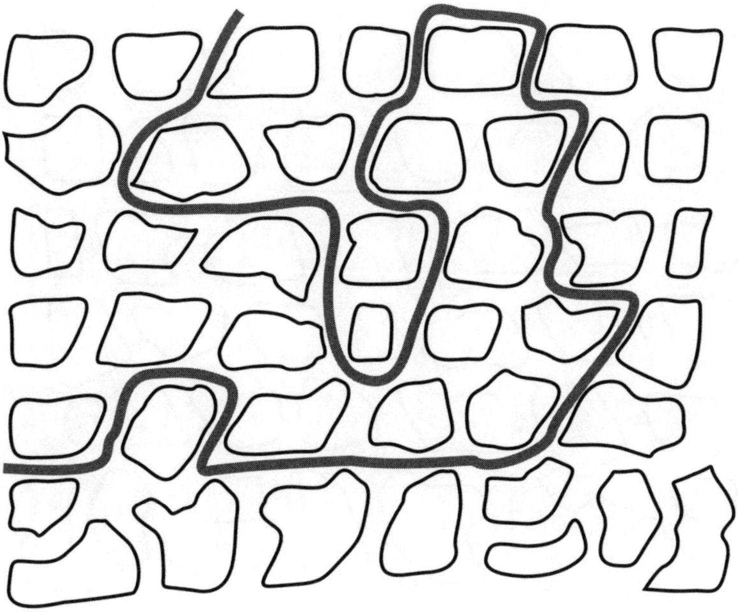

Weg nach anderswo

Gelingt es Ihnen, den Weg neu einzuzeichnen?

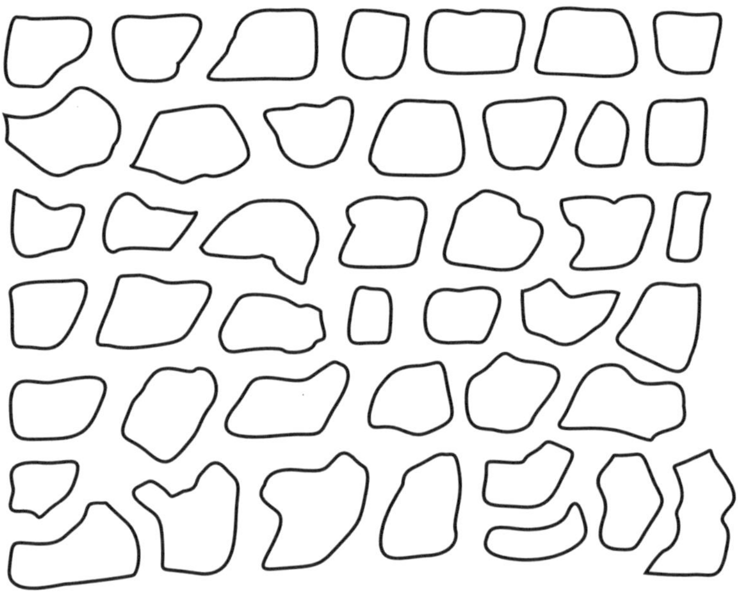

Tore

Ein Tor sehen Sie eingezeichnet. Verbinden Sie Striche Ihrer Wahl so, dass 5 zusätzliche Tore entstehen. Merken Sie sich bitte 6 Tore.

Tore

Erinnern Sie sich an die 6 Tore? Zeichnen Sie sie bitte erneut ein.

Tore

Ein Tor sehen Sie eingezeichnet. Verbinden Sie Striche Ihrer Wahl so, dass 7 zusätzliche Tore entstehen. Merken Sie sich bitte 8 Tore.

Tore

Erinnern Sie sich an die 8 Tore? Zeichnen Sie sie bitte erneut ein.

Kacheln

Gestalten Sie die leeren Kachelfelder nach Ihrer Wahl, benutzen Sie verschiedene Motive aus den Mustervorschlägen.

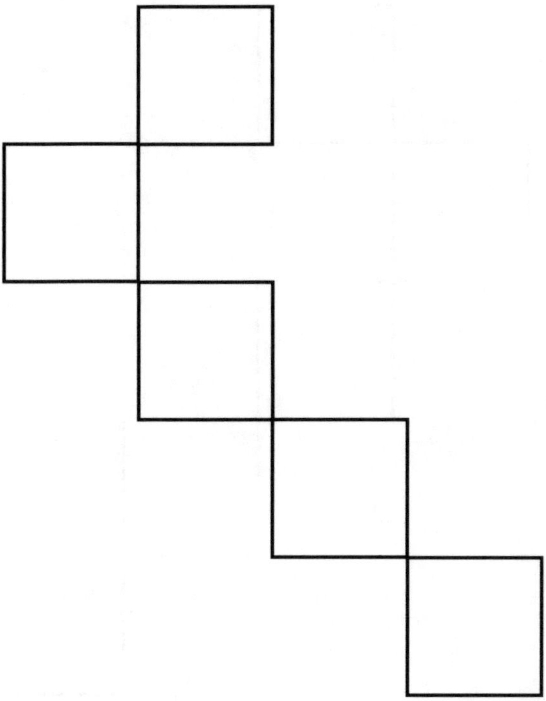

Kacheln

Hier wurde nur die Reihenfolge der Muster geändert. Zeichnen Sie Ihre Kachelmuster erneut ein.

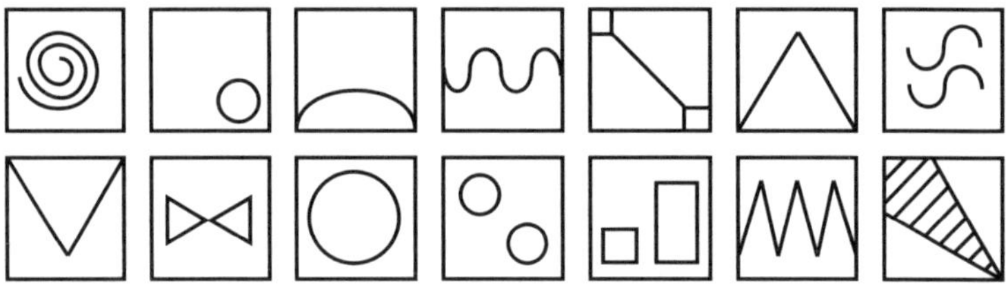

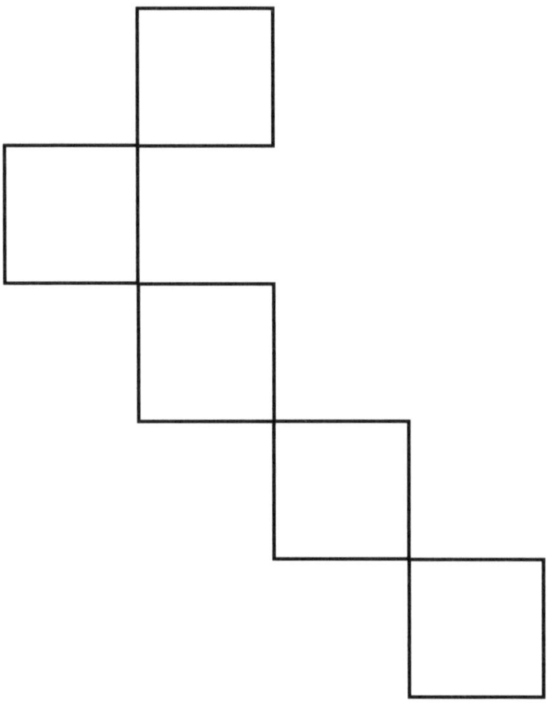

Kacheln

Gestalten Sie die leeren Kachelfelder nach Ihrer Wahl, benutzen Sie verschiedene Motive aus den Mustervorschlägen.

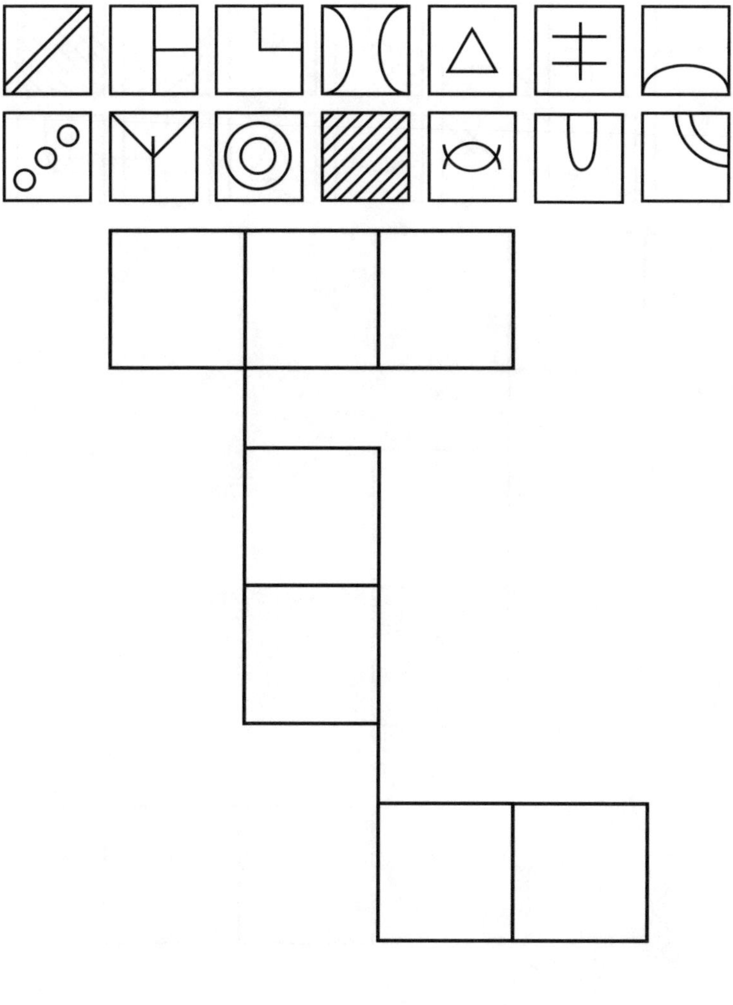

Kacheln

Hier wurde nur die Reihenfolge der Muster geändert. Zeichnen Sie Ihre Kachelmuster erneut ein.

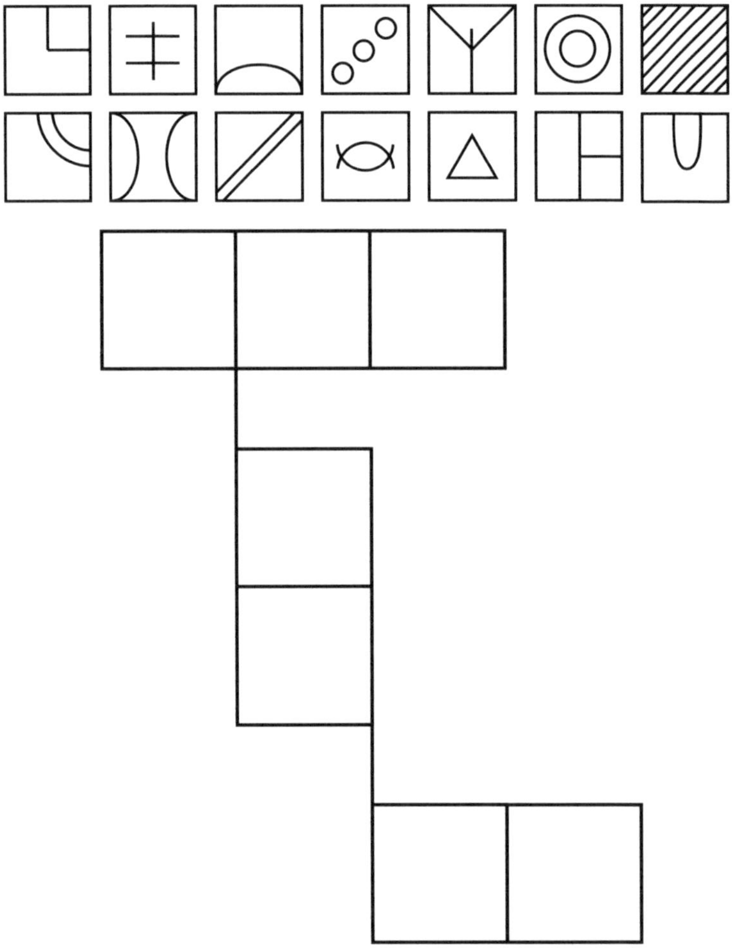

Kacheln

Gestalten Sie die leeren Kachelfelder nach Ihrer Wahl, benutzen Sie verschiedene Motive aus den Mustervorschlägen.

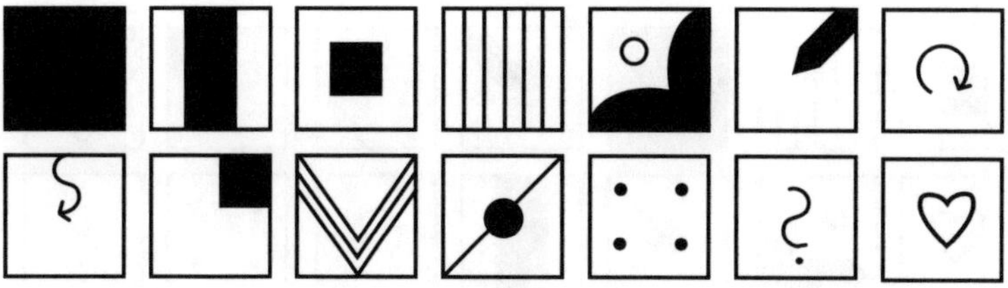

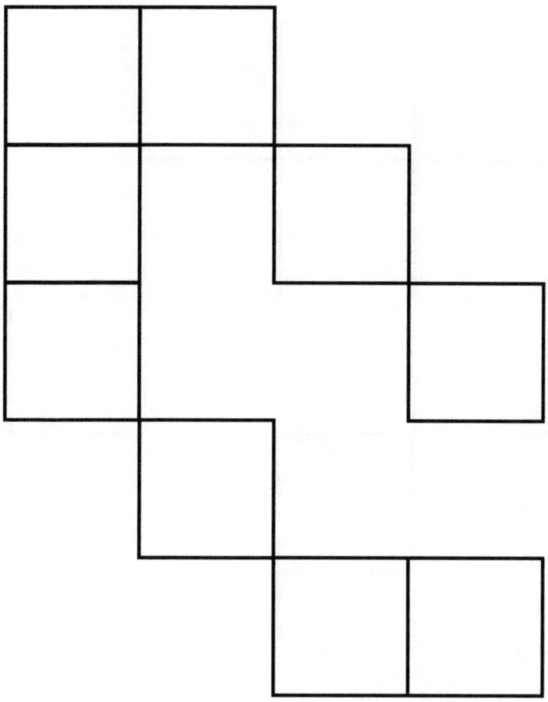

Kacheln

Hier wurde nur die Reihenfolge der Muster geändert. Zeichnen Sie Ihre Kachelmuster erneut ein.

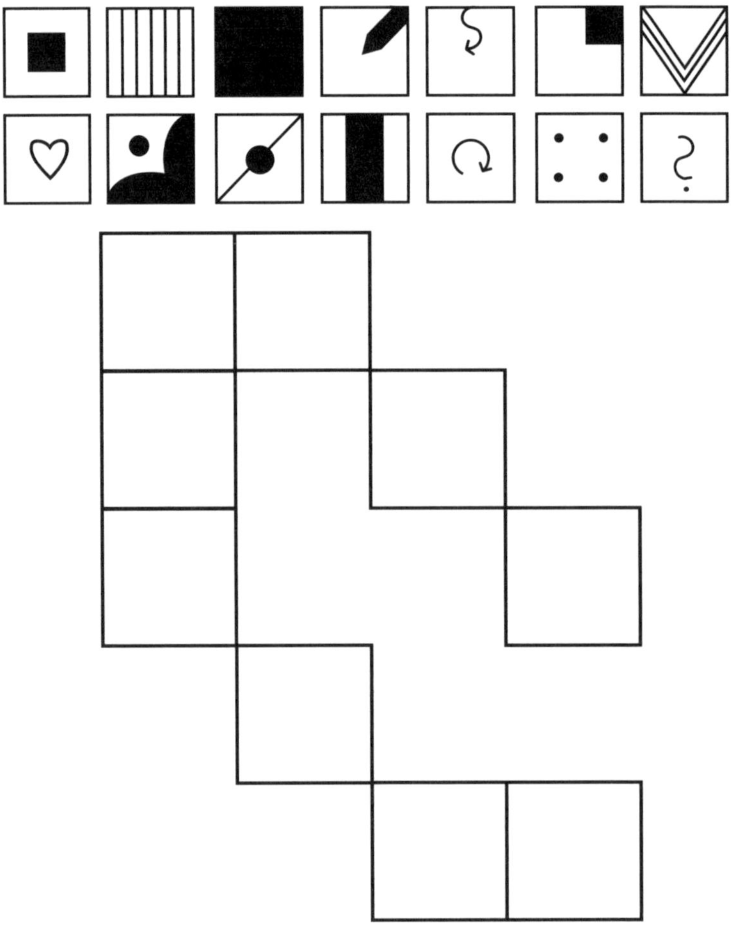

Amtswege

Der eingezeichnete Weg führt zur Pass-Stelle, versuchen Sie sich bitte den Weg zu merken.

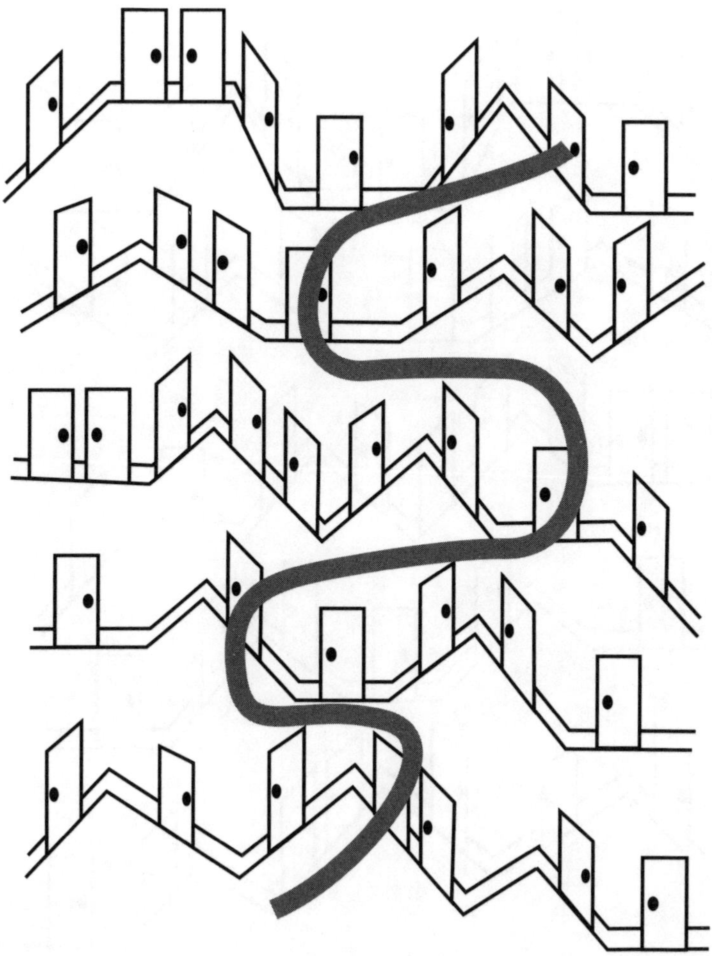

Amtswege

Auf welchem Weg gelangen Sie zur Pass-Stelle?

Amtswege

Sie wollen zum Bauamt und benötigen Formulare und Stempel. Auf jeder Etage sind 2 Büros wahlweise zuständig. Suchen und zeichnen Sie sich Ihren Weg zum Bauamt.

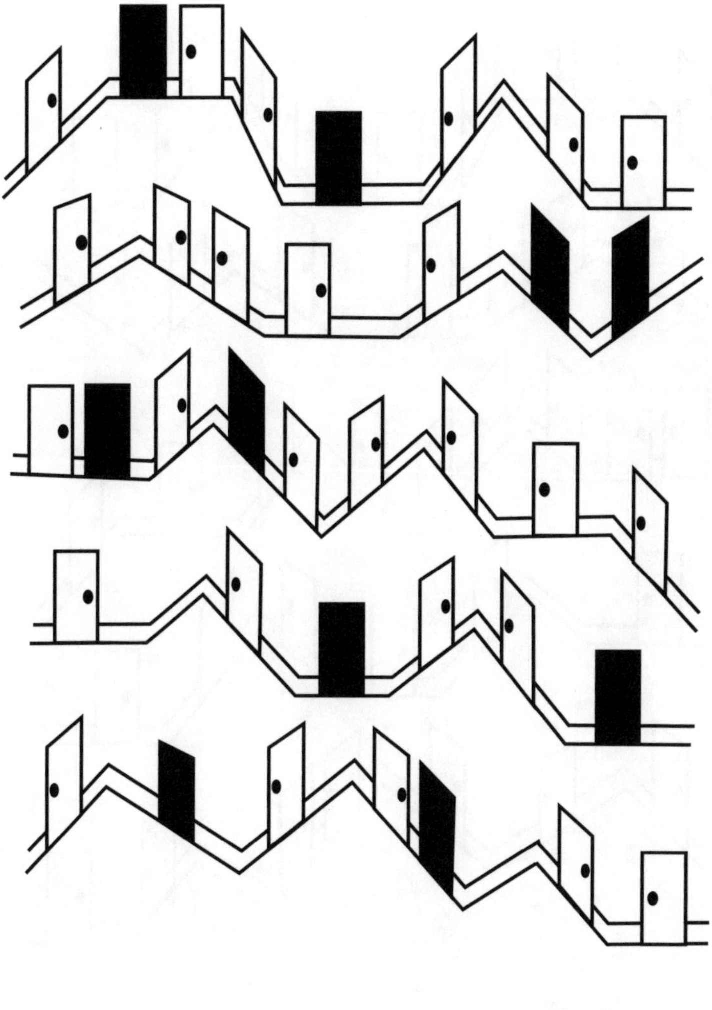

Amtswege

Wie gelangen Sie zum Bauamt?

Amtswege

Der eingezeichnete Weg führt zur Führerscheinstelle, versuchen Sie bitte, sich den Weg zu merken.

Amtswege

Auf welchem Weg gelangen Sie zur Führerscheinstelle?

Auge des Ra

Das Auge des Ra kann offen oder geschlossen sein. Zwei offene und zwei geschlossene Augen sehen Sie bereits. Zeichnen Sie zusätzlich 4 offene und 3 geschlossene Augen ein.

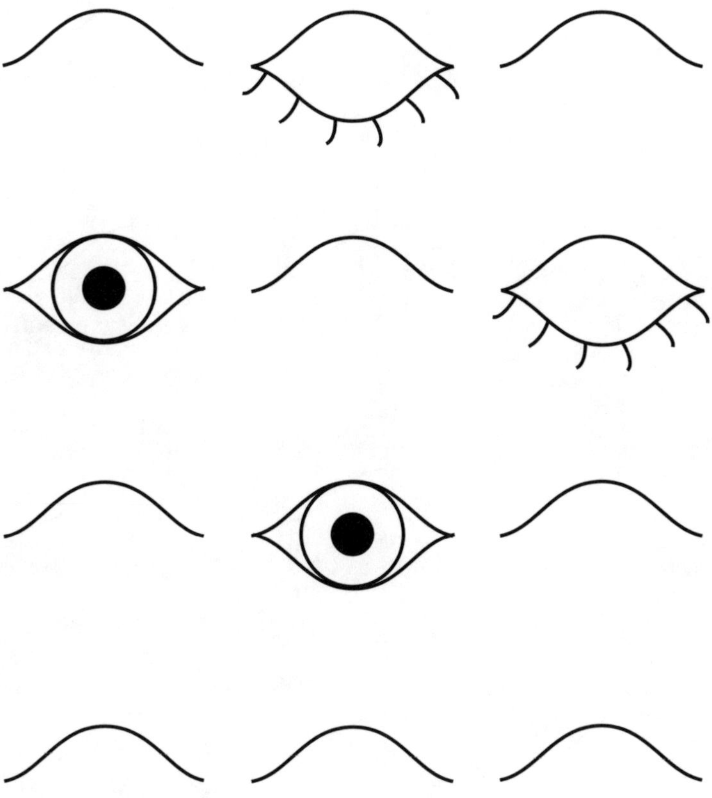

Auge des Ra

Welche Augen sollten offen und welche geschlossen sein?

Auge des Ra

Das Auge des Ra kann offen oder geschlossen sein. Ein offenes und ein geschlossenes Auge sehen Sie hier. Zeichnen Sie zusätzlich 4 offene und 5 geschlossene Augen ein.

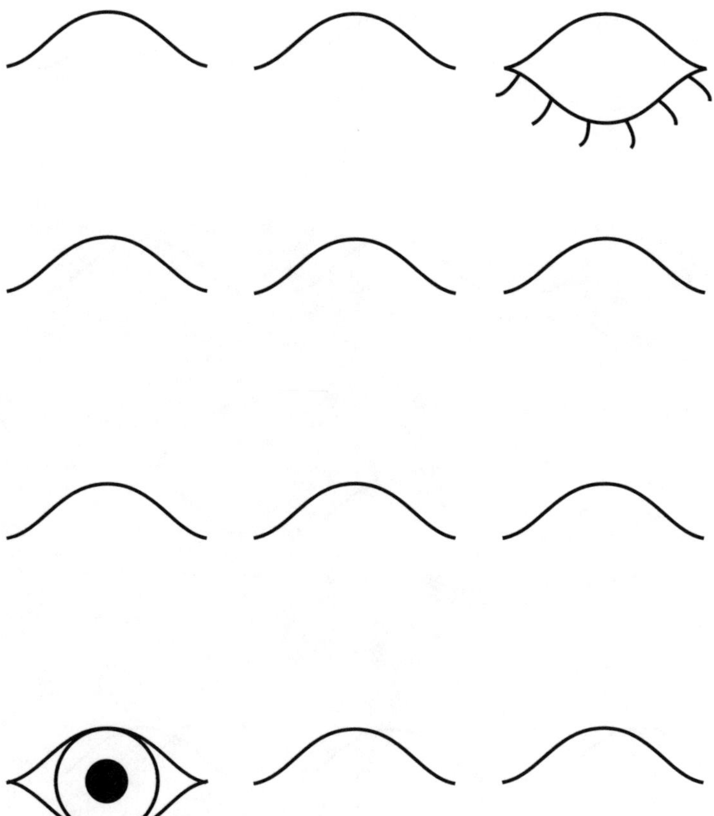

Auge des Ra

Welche Augen sollten offen und welche geschlossen sein?

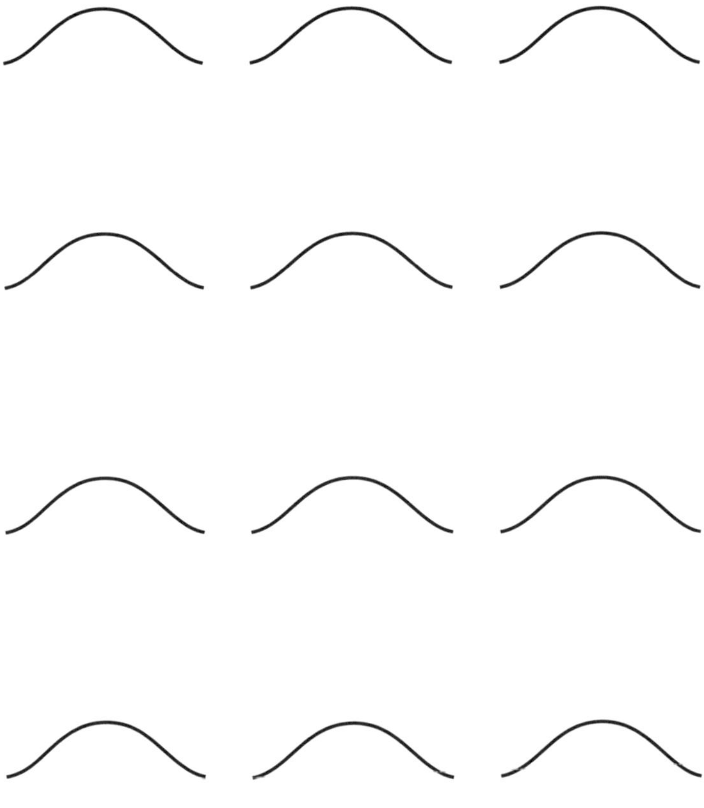

Möhrenfeld

Schauen die Möhren nur halb aus der Erde, dann stecken sie noch. Verlängern Sie die Möhre zeichnerisch, dann ist sie „gezogen". Ziehen Sie 5 Möhren, merken Sie sich bitte alle 6 Möhren.

Möhrenfeld

Welche 6 Möhren wurden gezogen?

Möhrenfeld

Hier wurden bereits 3 Möhren „gezogen", ziehen Sie 5 weitere Möhren. Merken Sie sich bitte alle 9 Möhren.

Möhrenfeld

Welche 9 Möhren wurden bereits gezogen?

Zauberhüte im Schatten

Einige Zauberhüte stehen im Schatten eines Baumes. Zeichnen Sie nun 3 Zauberhüte einfarbig, und 4 Zauberhüte versehen Sie mit einem Streifenmuster. Merken Sie sich Ihre 7 Zauberhüte.

Zauberhüte im Schatten

Der Schatten ist gewandert. Gelingt es Ihnen trotzdem, Ihre 3 einfarbigen und Ihre 4 gestreiften Zauberhüte aus der Erinnerung einzuzeichnen?

Zauberhüte im Schatten

Einige Zauberhüte stehen im Schatten eines Baumes. Zeichnen Sie 10 Zauberhüte – frei nach Ihrer Wahl. Merken Sie sich Ihre 10 Zauberhüte.

Zauberhüte im Schatten

Der Schatten ist gewandert. Gelingt es Ihnen trotzdem, Ihre 10 Zauberhüte aus der Erinnerung einzuzeichnen?

Seltsame Zeichen

Prägen Sie sich bitte die Zeichen ein, und merken Sie sich Ihre Begriffe, die Sie auf dieser Seite bitte in die Zeilen eintragen.

Begriffe: Eröffnen Sie bitte einen G-Zoo, tragen Sie 10 Tiere ein, die mit dem Anfangsbuchstaben „G“ beginnen.

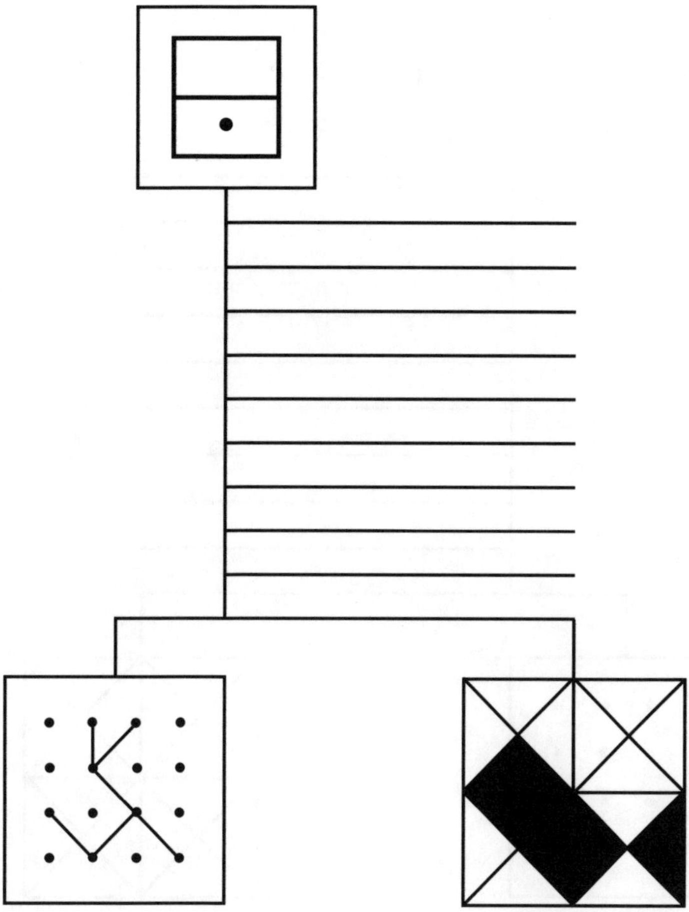

Seltsame Zeichen

Wie genau können Sie sich erinnern?

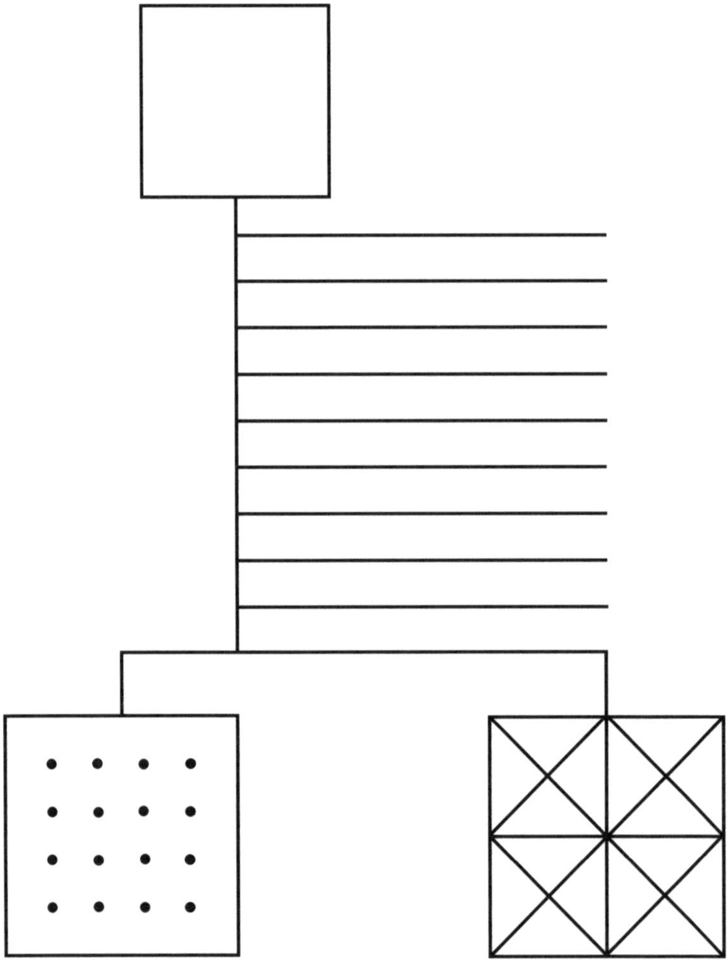

Jongleur

Wählen Sie 1 Ballmuster und zeichnen Sie 2 Bälle mit gleichem Muster ein. Merken Sie sich bitte alle 3 Bälle!

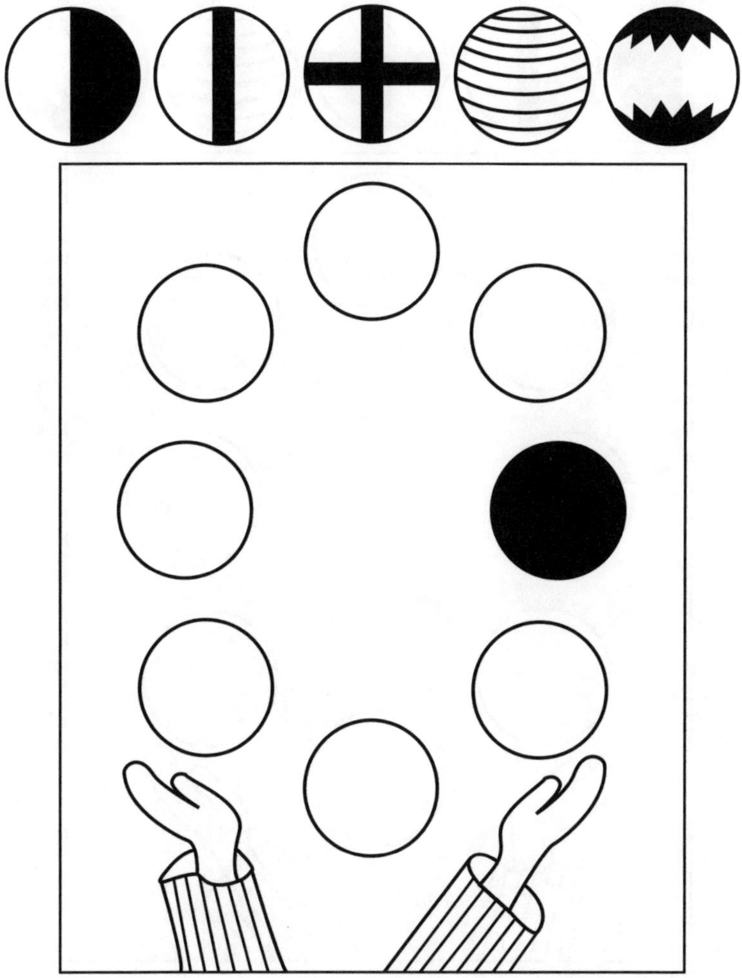

Jongleur

Mit welchen Bällen spielte der Jongleur der vorhergehenden Seite?

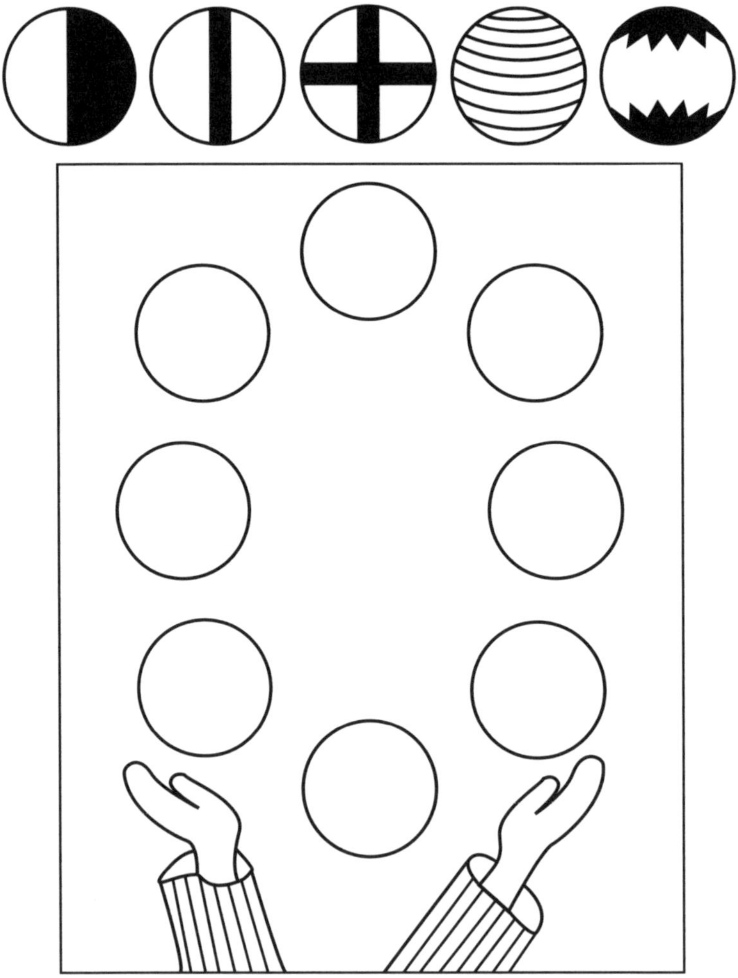

Seltsame Zeichen

Prägen Sie sich bitte die Zeichen ein, und merken Sie sich Ihre Begriffe, die Sie auf dieser Seite bitte in die Zeilen eintragen.

Begriffe: Eröffnen Sie bitte einen M-Zoo, tragen Sie 10 Tiere ein, die mit dem Anfangsbuchstaben „M“ beginnen.

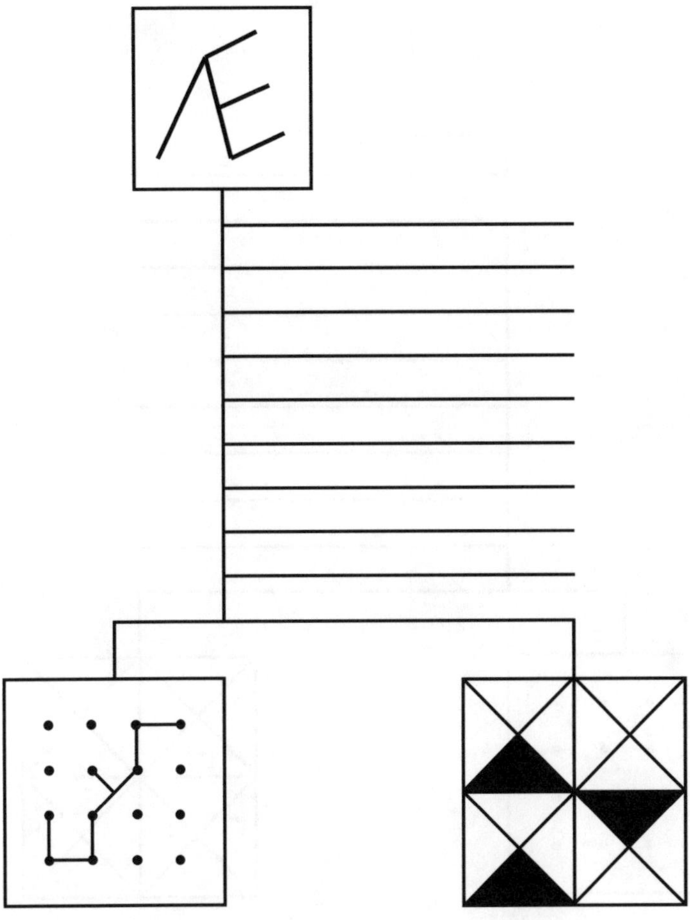

Seltsame Zeichen

Wie genau können Sie sich erinnern?

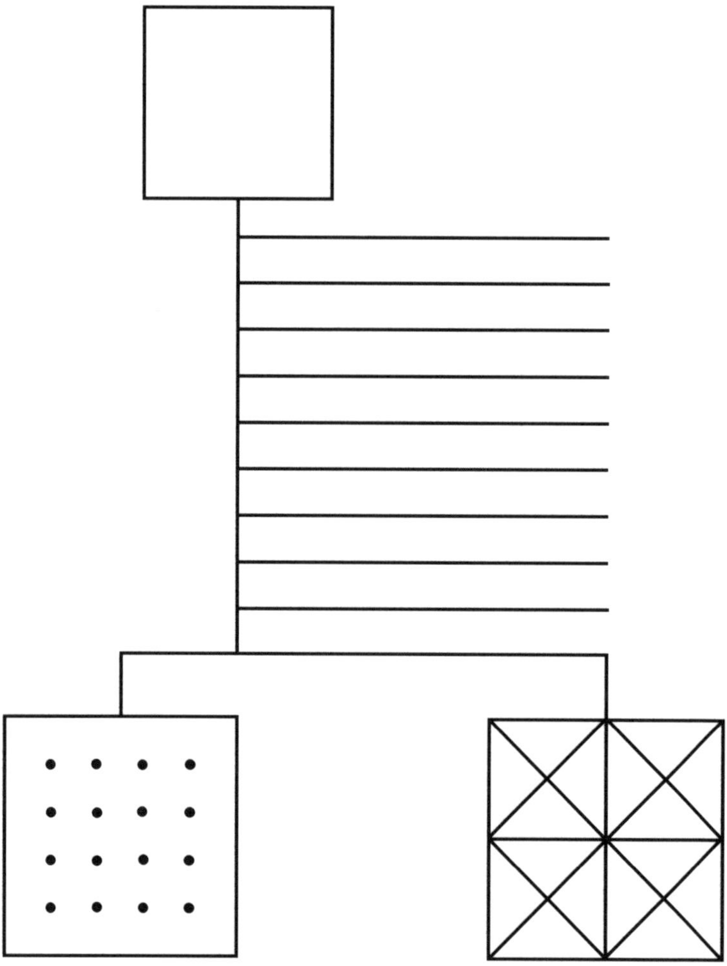

Jongleur

Wählen Sie 2 Ballmuster, und zeichnen Sie 2 Bälle mit den verschiedenen Mustern ein. Merken Sie sich bitte alle 3 Bälle!

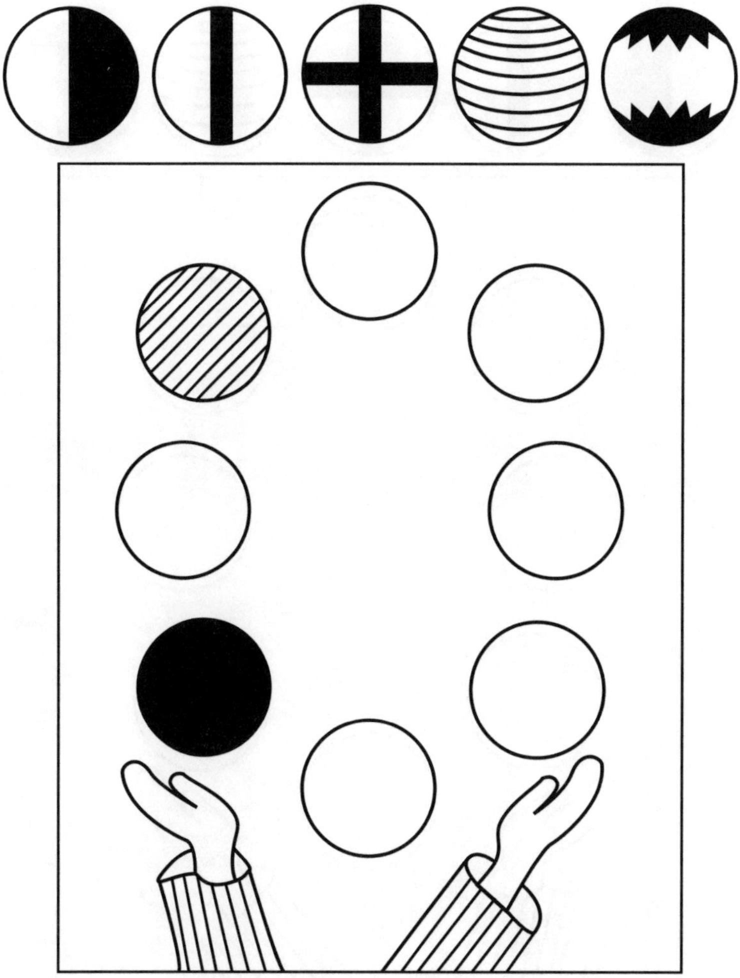

Jongleur

Mit welchen Bällen spielte der Jongleur der vorhergehenden Seite?

Seltsame Zeichen

Prägen Sie sich bitte die Zeichen ein, und merken Sie sich Ihre Begriffe, die Sie auf dieser Seite bitte in die Zeilen eintragen.

Begriffe: Eröffnen Sie bitte einen K-Zoo, tragen Sie 10 Tiere ein, die mit dem Anfangsbuchstaben „K" beginnen.

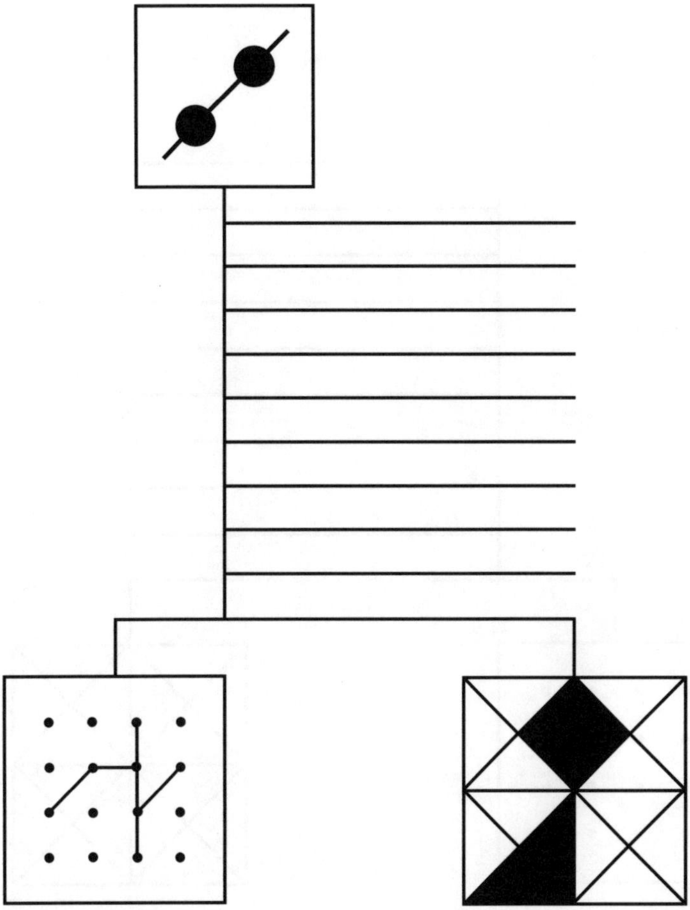

Seltsame Zeichen

Wie genau können Sie sich erinnern?

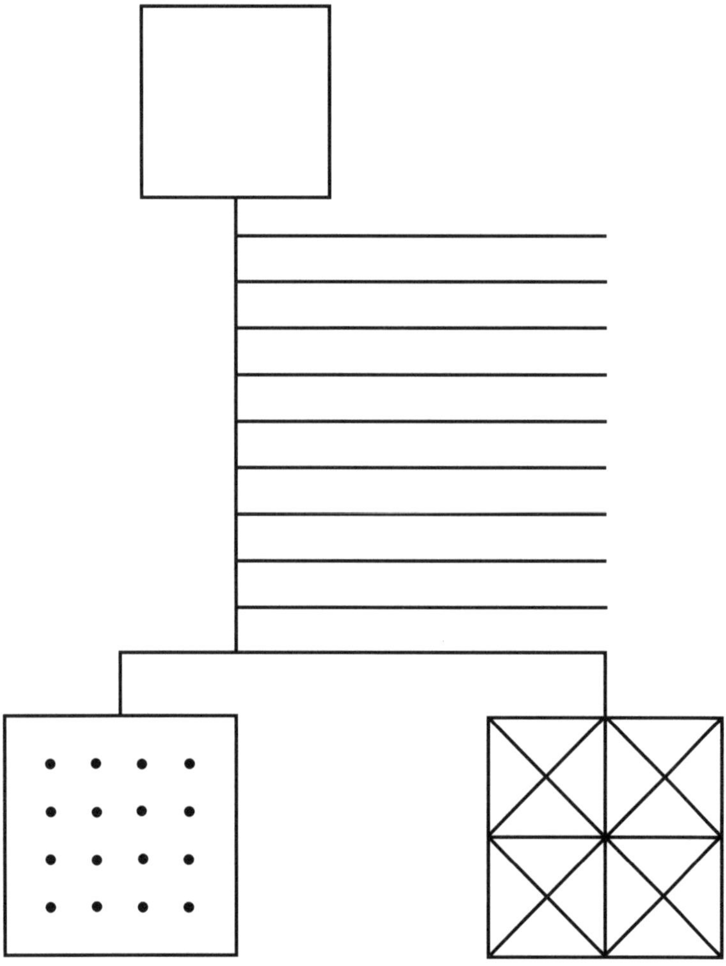

Jongleur

Wählen Sie 2 Ballmuster, und zeichnen Sie zwei Bälle mit den verschiedenen Mustern ein. Merken Sie sich bitte alle 5 Bälle!

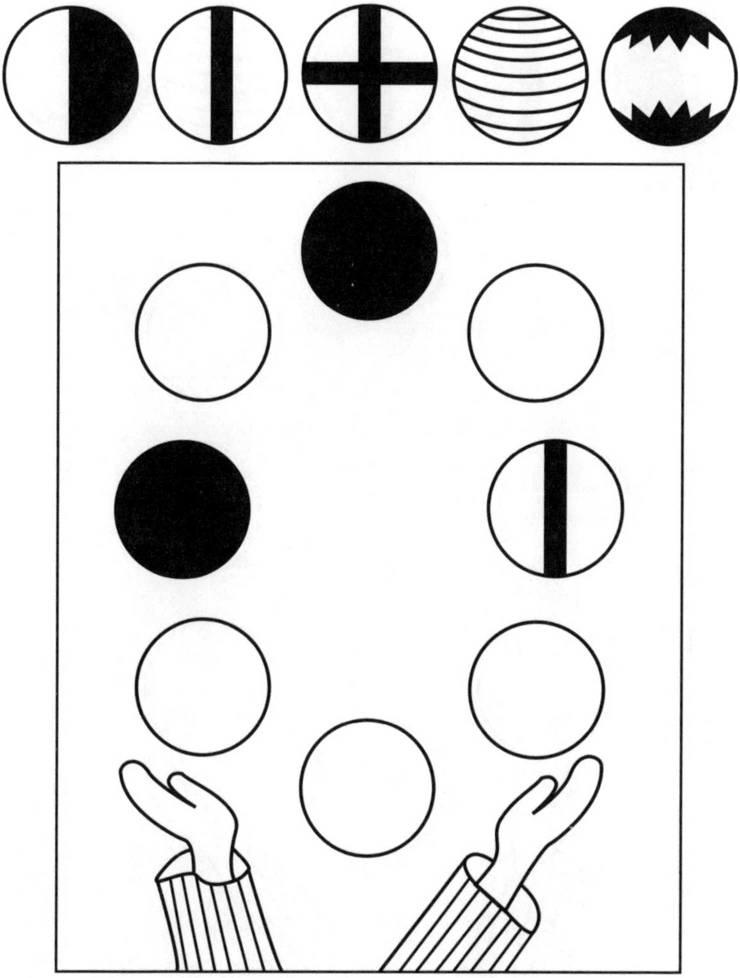

Jongleur

Mit welchen Bällen spielte der Jongleur der vorhergehenden Seite?

Seltsame Zeichen

Prägen Sie sich bitte die Zeichen ein, und merken Sie sich Ihre Begriffe, die Sie auf dieser Seite bitte in die Zeilen eintragen.

Begriffe: Eröffnen Sie bitte einen B-Zoo, tragen Sie 10 Tiere ein, die mit dem Anfangsbuchstaben „B" beginnen.

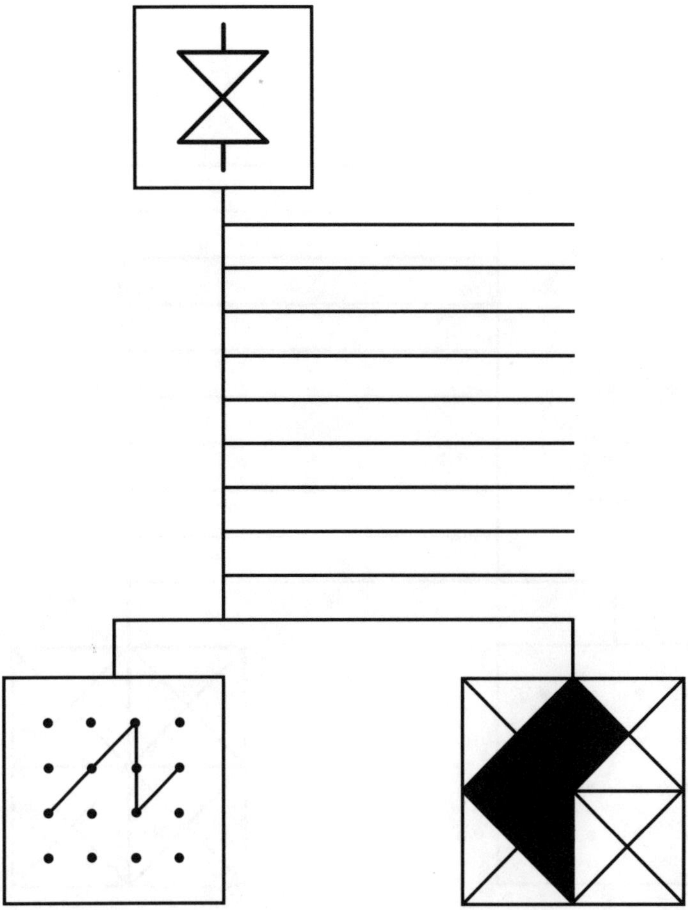

Seltsame Zeichen

Wie genau können Sie sich erinnern?

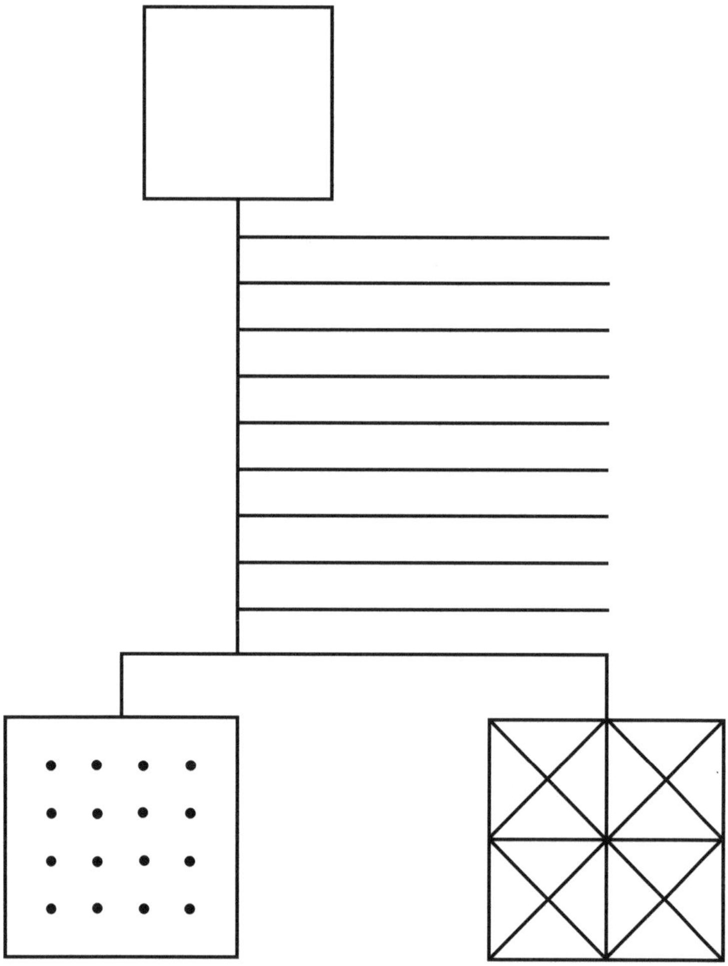

Jongleur

Wählen Sie 2 Ballmuster, und zeichnen Sie 3 Bälle mit Mustern ein.
Merken Sie sich bitte alle 6 Bälle!

Jongleur

Mit welchen Bällen spielte der Jongleur der vorhergehenden Seite?

Seltsame Zeichen

Prägen Sie sich bitte die Zeichen ein, und merken Sie sich Ihre Begriffe, die Sie auf dieser Seite bitte in die Zeilen eintragen.

Begriffe: Eröffnen Sie bitte einen R-Zoo, tragen Sie 10 Tiere ein, die mit dem Anfangsbuchstaben „R“ beginnen.

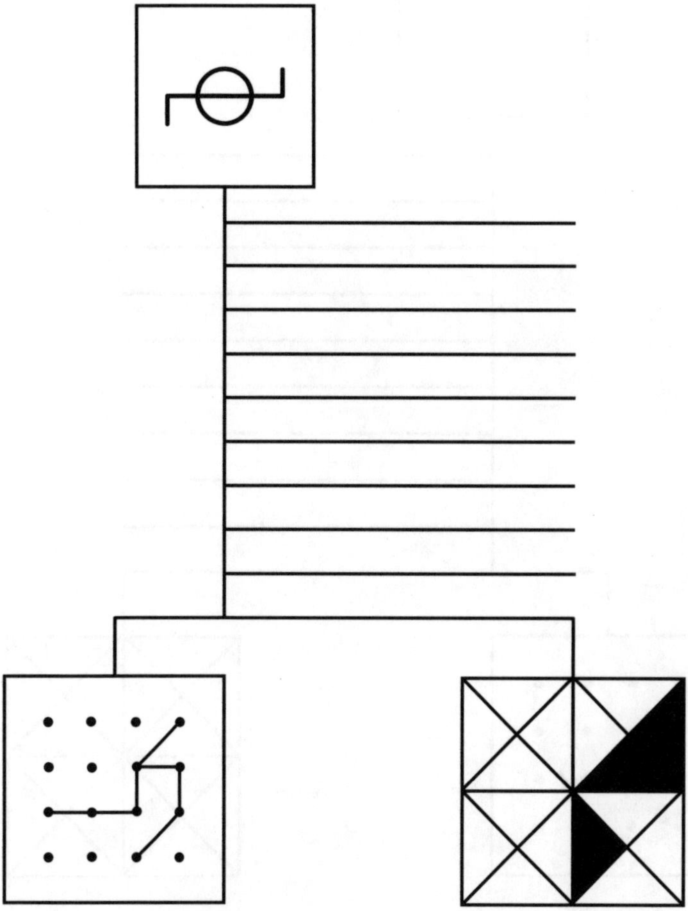

Seltsame Zeichen

Wie genau können Sie sich erinnern?

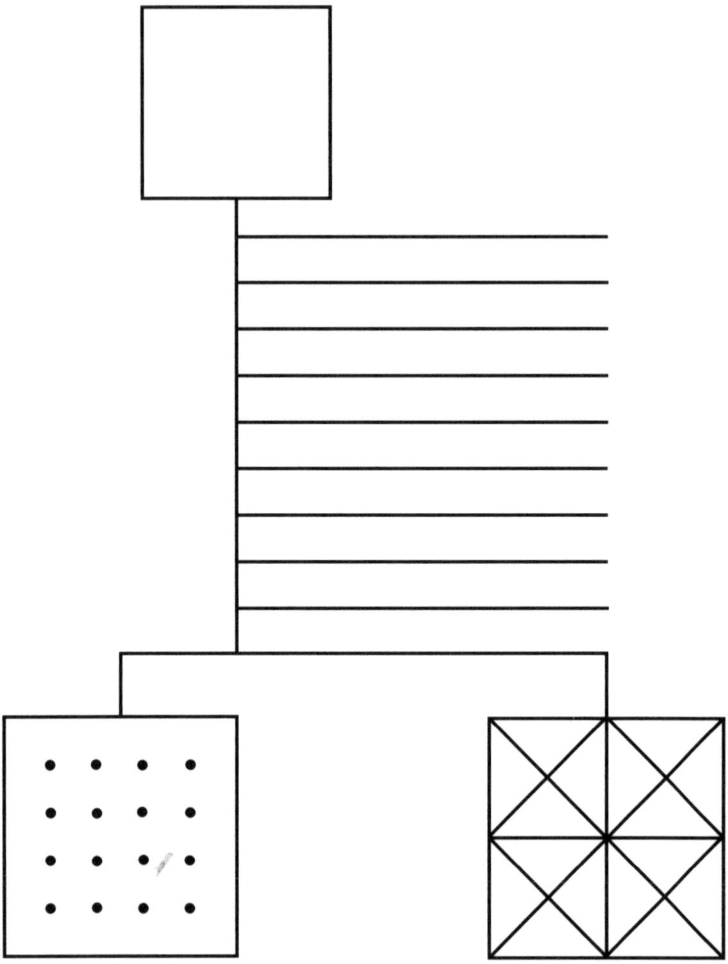

Jongleur

Wählen Sie 2 Ballmuster, und zeichnen Sie 4 Bälle mit Mustern ein.
Merken Sie sich bitte alle 7 Bälle!

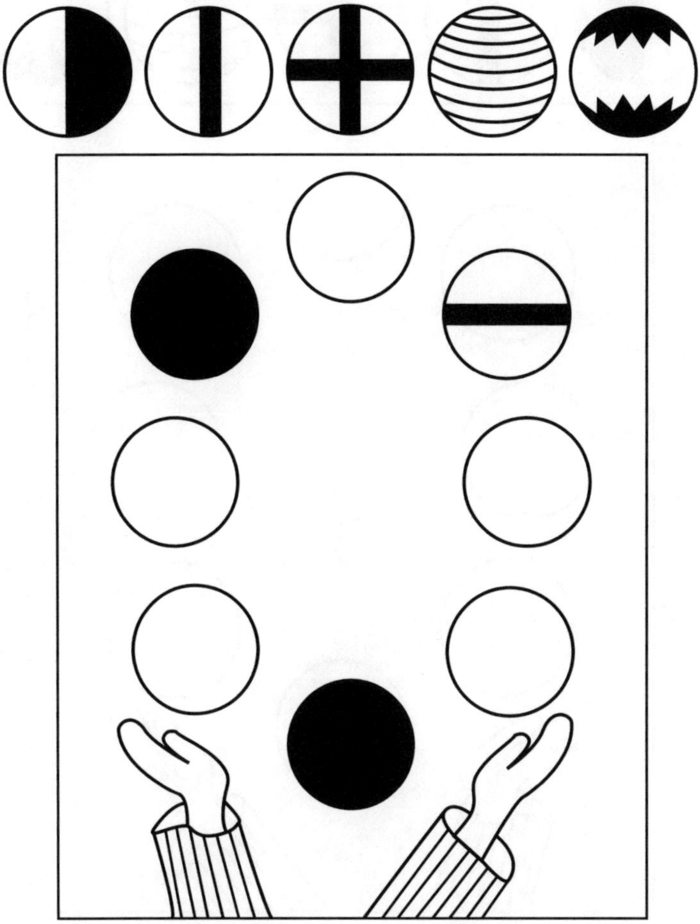

Jongleur

Mit welchen Bällen spielte der Jongleur der vorhergehenden Seite?

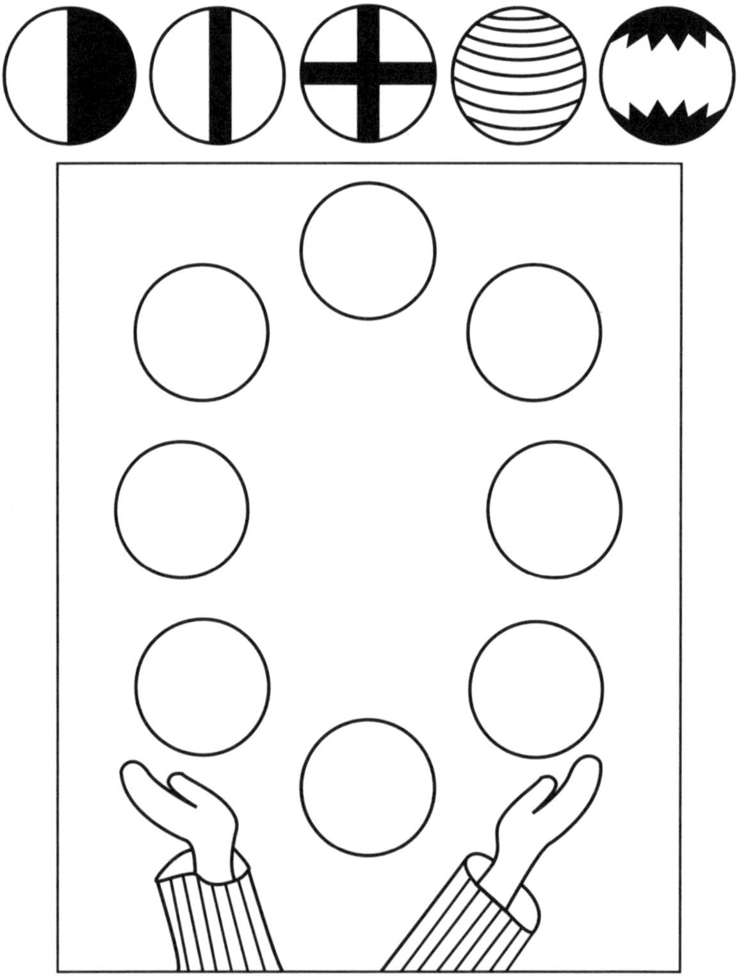

Seltsame Zeichen

Prägen Sie sich bitte die Zeichen ein, und merken Sie sich Ihre Begriffe, die Sie auf dieser Seite bitte in die Zeilen eintragen.

Begriffe: Eröffnen Sie bitte einen F-Zoo, tragen Sie 10 Tiere ein, die mit dem Anfangsbuchstaben „F" beginnen.

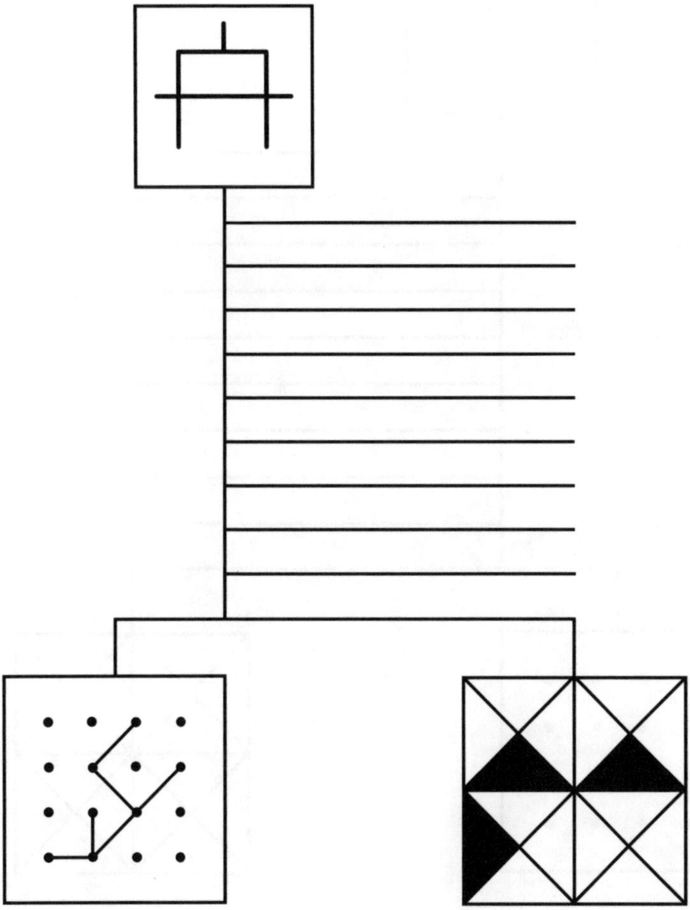

Seltsame Zeichen

Wie genau können Sie sich erinnern?

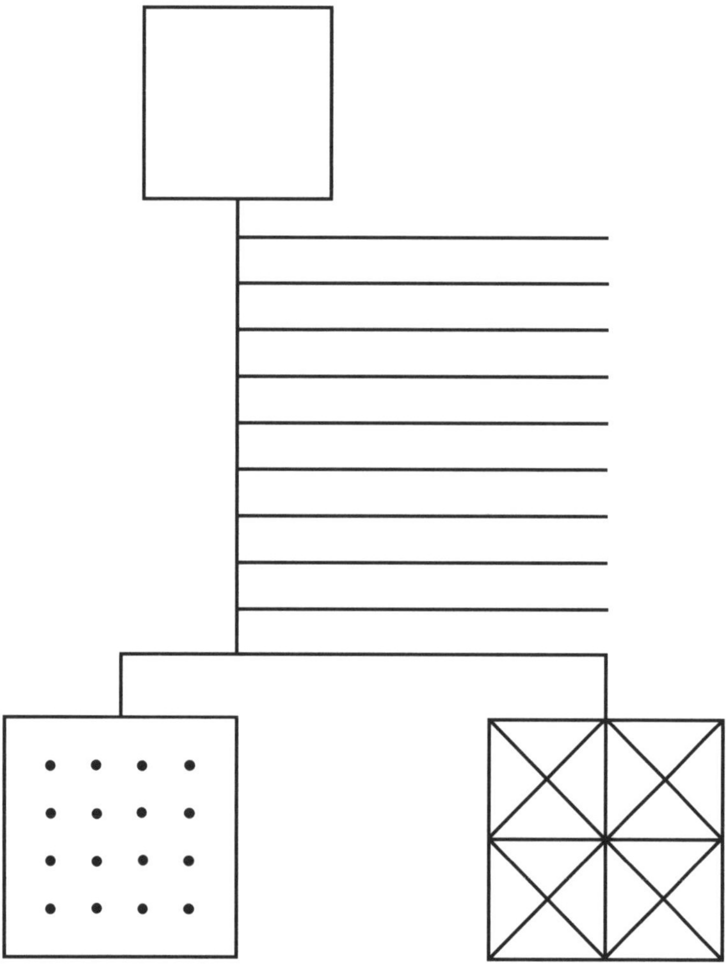

Jongleur

Wählen Sie beliebige Ballmuster, und zeichnen Sie 4 Bälle mit verschiedenen Mustern ein. Merken Sie sich bitte alle 8 Bälle!

Jongleur

Mit welchen Bällen spielte der Jongleur der vorhergehenden Seite?

Seltsame Zeichen

Prägen Sie sich bitte die Zeichen ein, und merken Sie sich Ihre Begriffe, die Sie auf dieser Seite bitte in die Zeilen eintragen.

Begriffe: Notieren Sie 10 Städte mit dem Anfangsbuchstaben „B“:

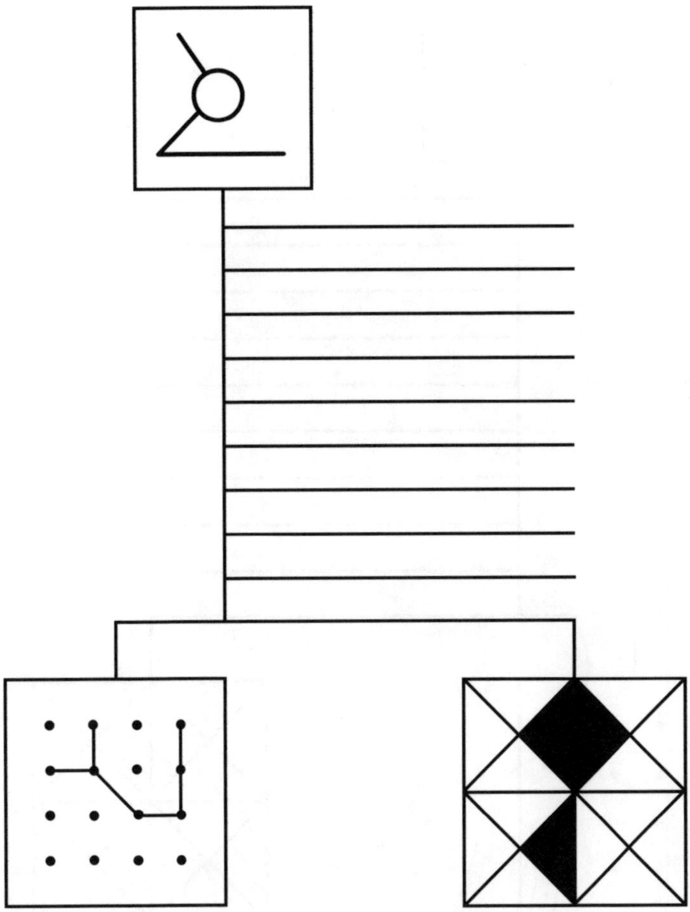

Seltsame Zeichen

Wie genau können Sie sich erinnern?

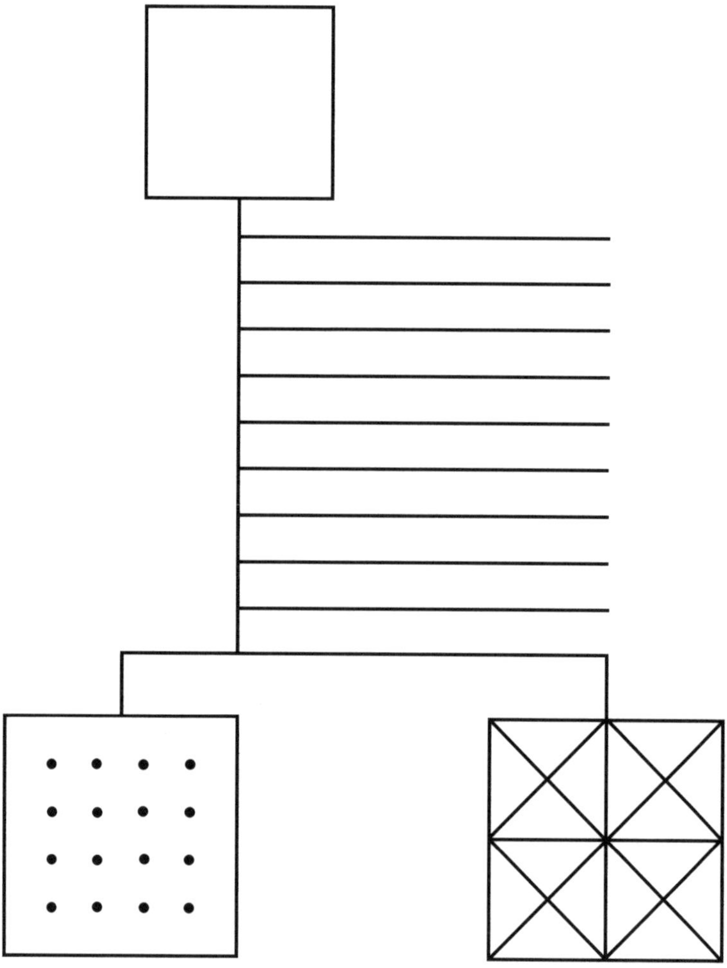

Tattoos

Diese Seite zeigt ein Tattoo-Beispiel. Merken Sie sich zunächst dieses Beispiel.

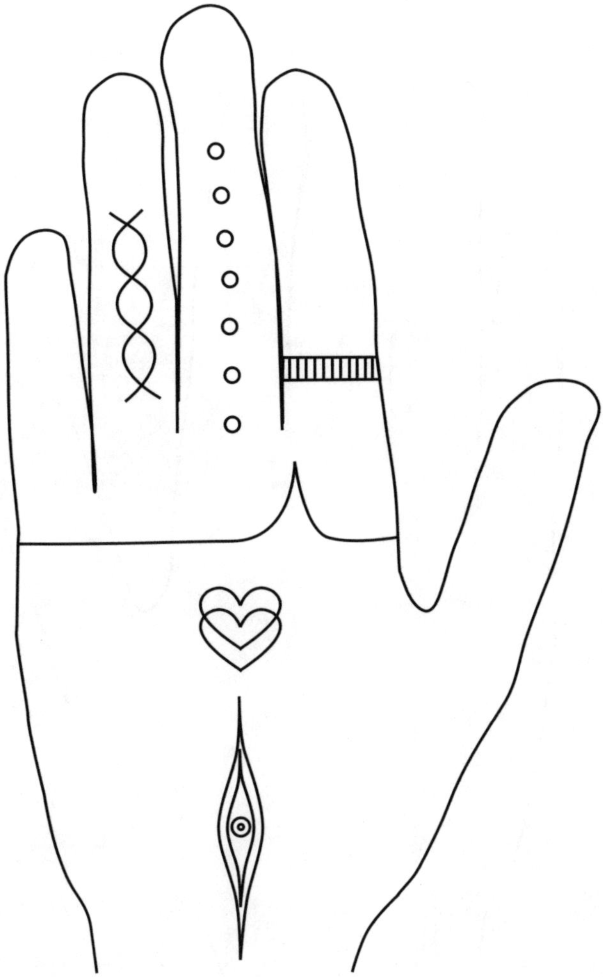

Tattoos

Zeichnen Sie dieses Tattoo bitte aus dem Gedächtnis.

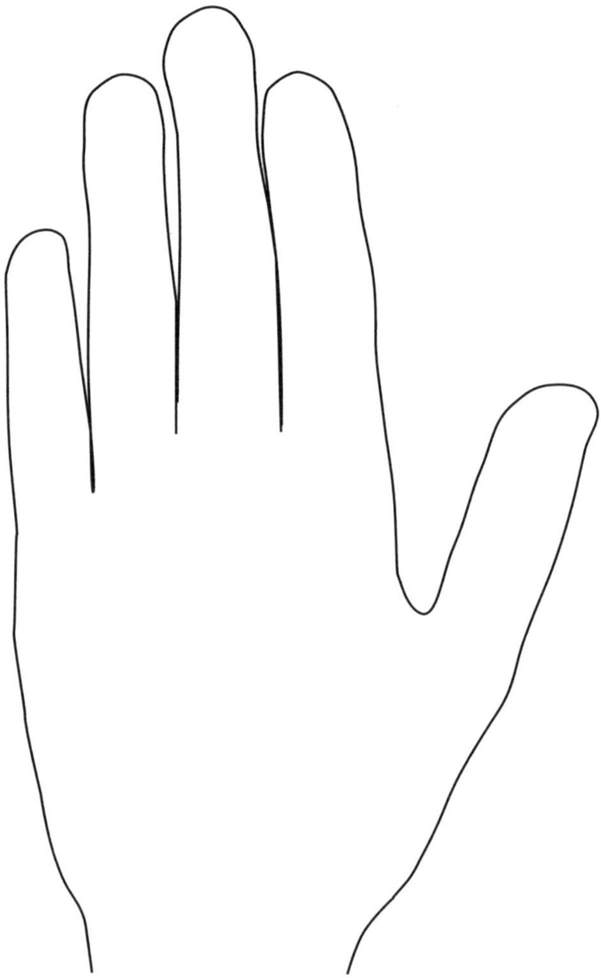

Tattoos

Lassen Sie Ihrer Fantasie freien Lauf, entwerfen Sie ein Tattoo, und merken Sie sich bitte Ihren Entwurf.

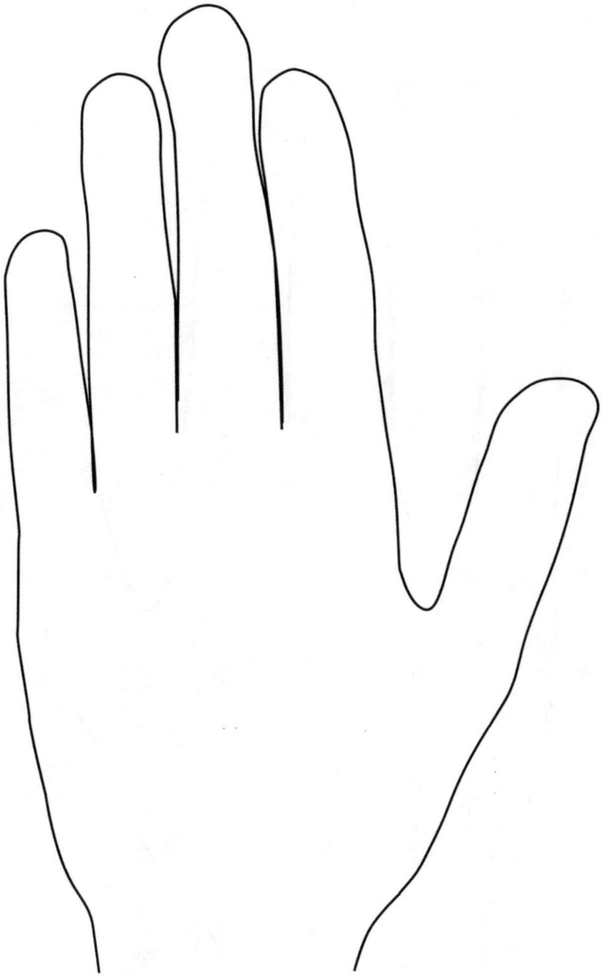

Tattoos

Zeichnen Sie nun Ihr Tattoo aus dem Gedächtnis.

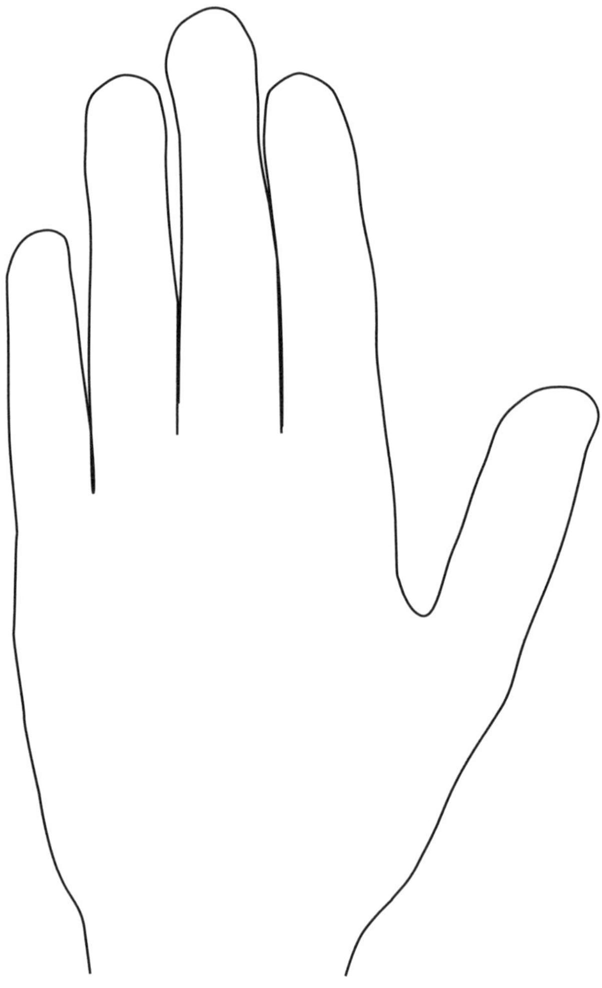

Die letzte Etappe unserer gemeinsamen Reise

Zunächst einmal herzlichen Glückwunsch!

Sie haben dieses Buch und jede einzelne Aufgabe mitgestaltet.

Sie halten jetzt ein individuelles Buch in Ihren Händen, ein absolutes UNIKAT!

Manche Übungen werden Sie als leicht, manche als schwer empfunden haben, denn jede Aufgabe enthielt neue Reize und neue Bedingungen. Zugleich haben Sie Ihre individuellen Ideen beigefügt und wurden in jeder Gestaltungsaufgabe kreativ.

Haben Ihnen die Übungen Freude bereitet? Haben Sie spüren können, wie Sie sich dabei erholen? Wenn Sie Lust bekommen haben, Ihre verschütteten Zeichentalente auch in Ihrem Alltag wieder zu entdecken, werden Ihnen die letzten Seiten auflockernd und aufmunternd beistehen. Ein paar Schwungübungen und zeichnerische Fantasieaufgaben mögen Sie dabei begleiten.

Von jetzt an verzichten wir darauf, Ihr Gedächtnis zu fragen, ob es Ihre schöpferische Leistung als eigenen Weg erinnern kann.

Nehmen Sie dieses Buch zur Ermutigung: Zeichnen Sie „moderne Kunst", malen Sie Postkarten für Freunde, kritzeln Sie neben anstrengenden Telefonaten scheinbar belanglose Zeichen zu einem Muster auf ein Papier, geben Sie Ihrer rechten Hirnhälfte die Chance „zu Wort" – „zur Fantasie" – zu kommen, Sie brauchen den aktiven Ausgleich, damit Ihr logisches und sprachliches Denken sich erholen kann.

Sie werden in den nächsten Übungen feststellen, dass jeder einzelne gezeichnete Strich zu einem neuen Gesamtbild beiträgt. Der Künstler sind Sie!

Bilder mit Schwung

Im Bildrahmen ist eine Linie bereits eingezeichnet. Fügen Sie Linie um Linie hinzu, ohne dass sich die Linien berühren oder überschneiden. In jedem „Tal“ lassen sie die Linien enger zusammen kommen, und über jedem „Berg“ erweitern Sie den Zwischenraum – so wie im Beispiel. Sie werden erleben, wie das Bild eine dynamische Tiefe erhält. Fügen Sie so viele Linien hinzu, dass keine Ecke oder Seite frei bleibt, gerade so, als wäre das Bild ausgeschnitten worden.

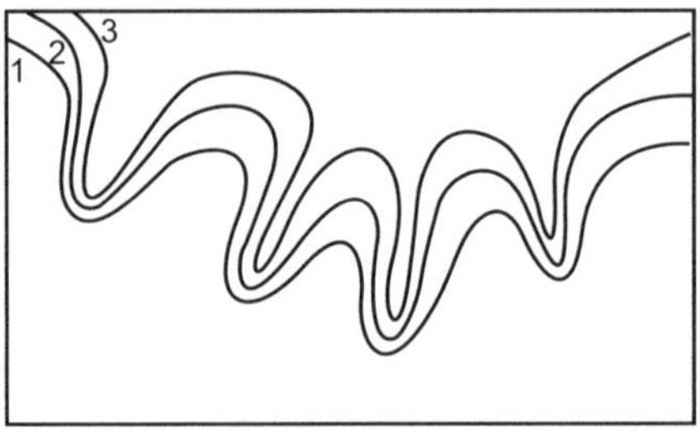

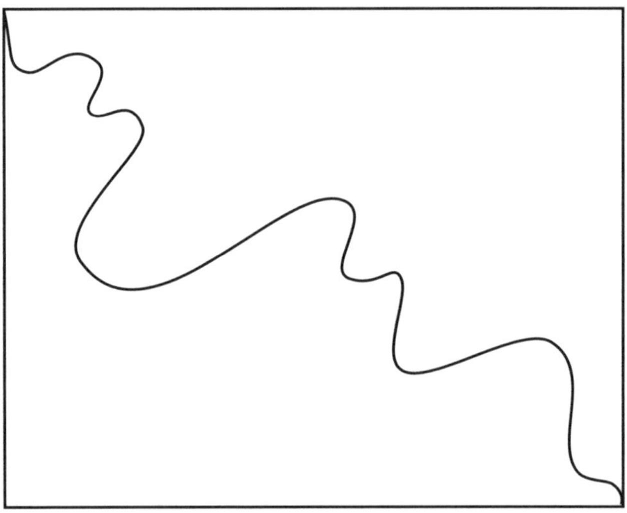

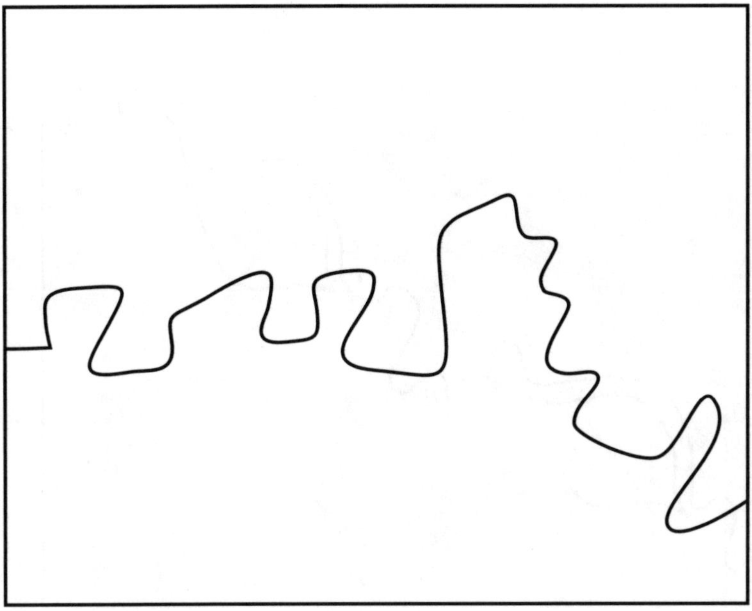

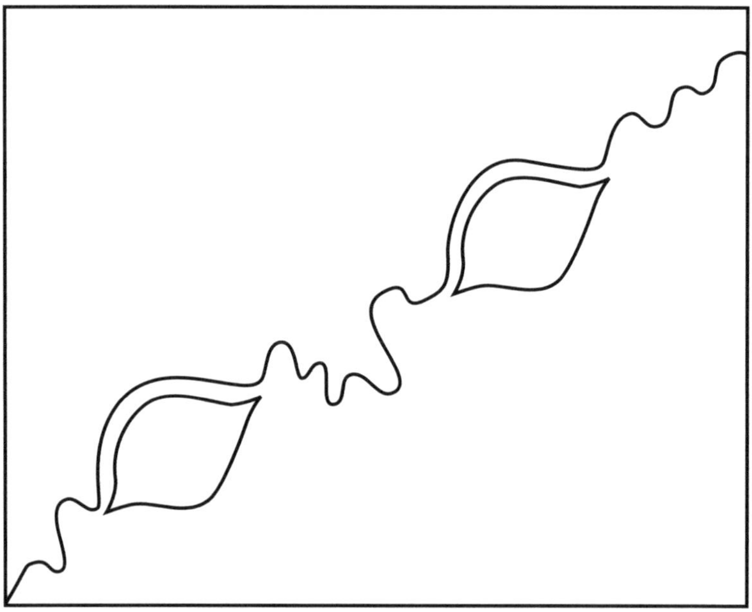

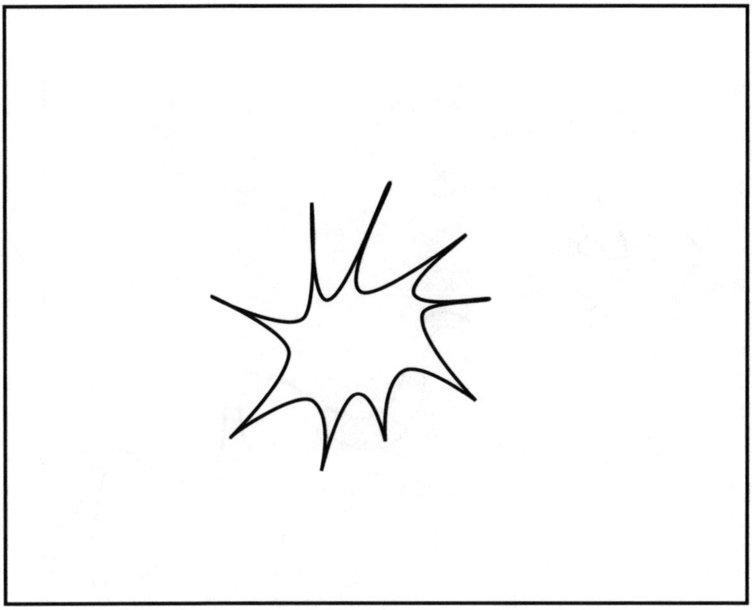

Bilder mit Schwung

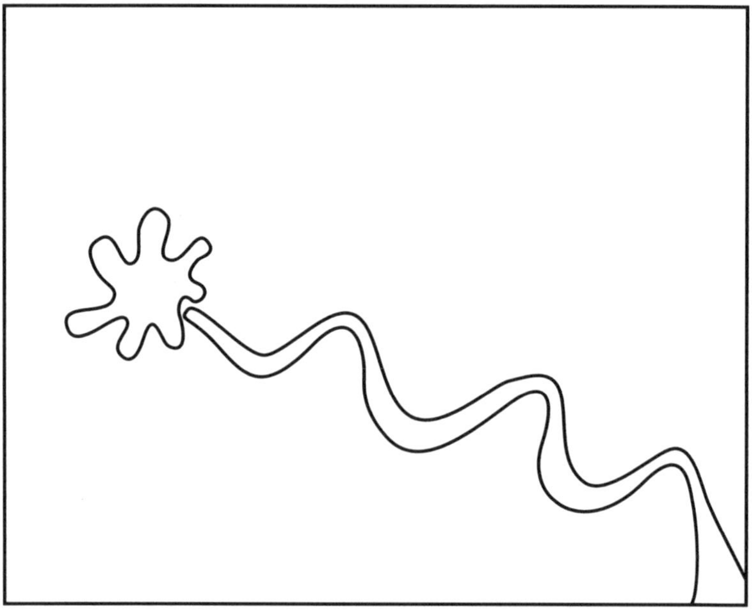

Ausgestalten

Machen Sie mehr aus dieser Skizze, ergänzen Sie Formen, Linien und Muster. Denken Sie nicht darüber nach, was Sie malen wollen, tun Sie es einfach! Lassen Sie sich von den Reizbildern animieren.

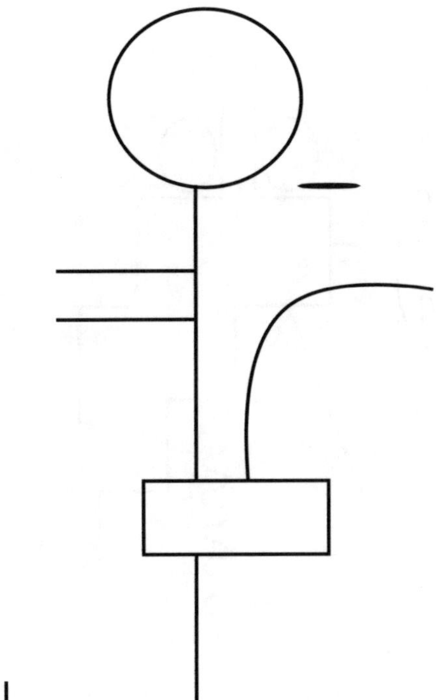

Ausgestalten

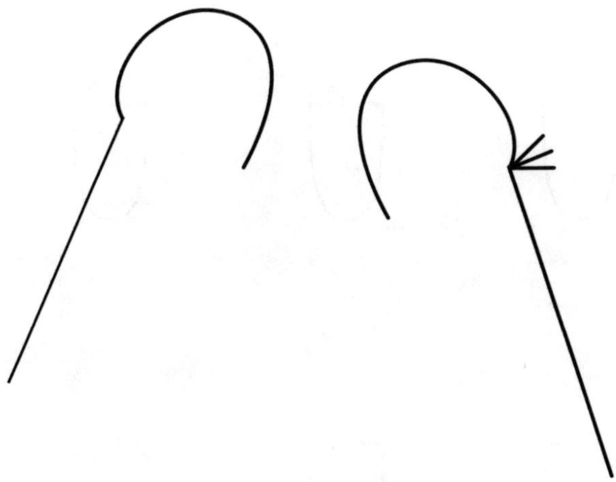

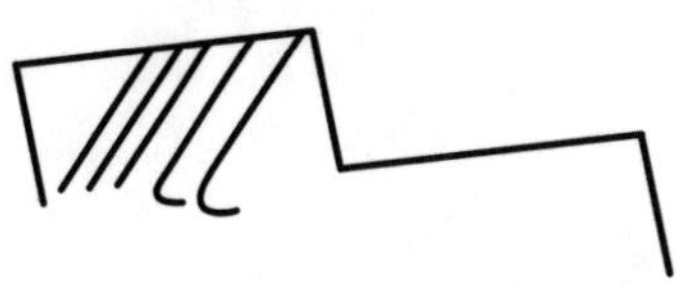

Eisdesign

Selbst „Eis am Stiel“ wird von irgendwem entworfen. Hier sind jetzt Ihre Ideen gefragt. Diese Stiele warten alle auf Ihre Ideen.

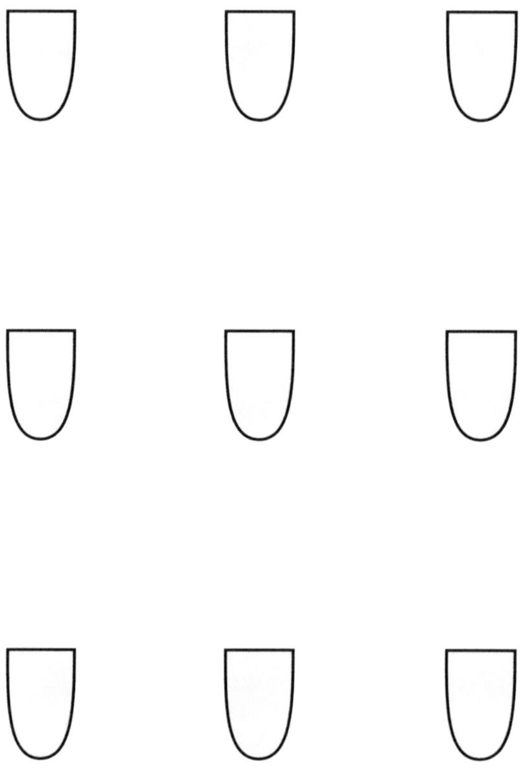

Masken

Halbfertige Masken, sind sie eine Herausforderung für Ihre Fantasie?

Perückenwerkstatt

Entwerfen Sie möglichst viele verschiedene Frisuren mit Ihrem Zeichenstift.

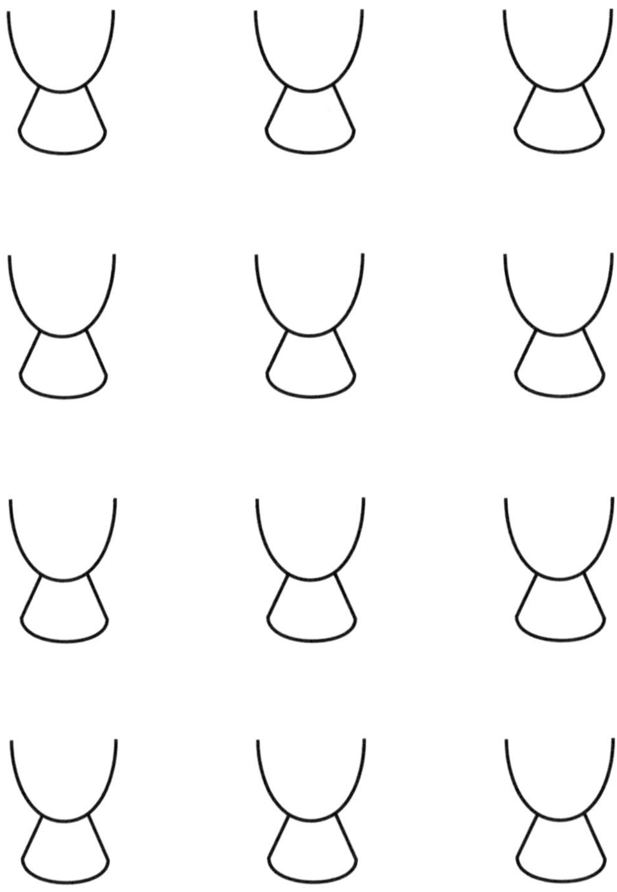

Marionetten

Machen Sie etwas daraus, ziehen Sie sie an, lassen Sie etwas Neues entstehen!

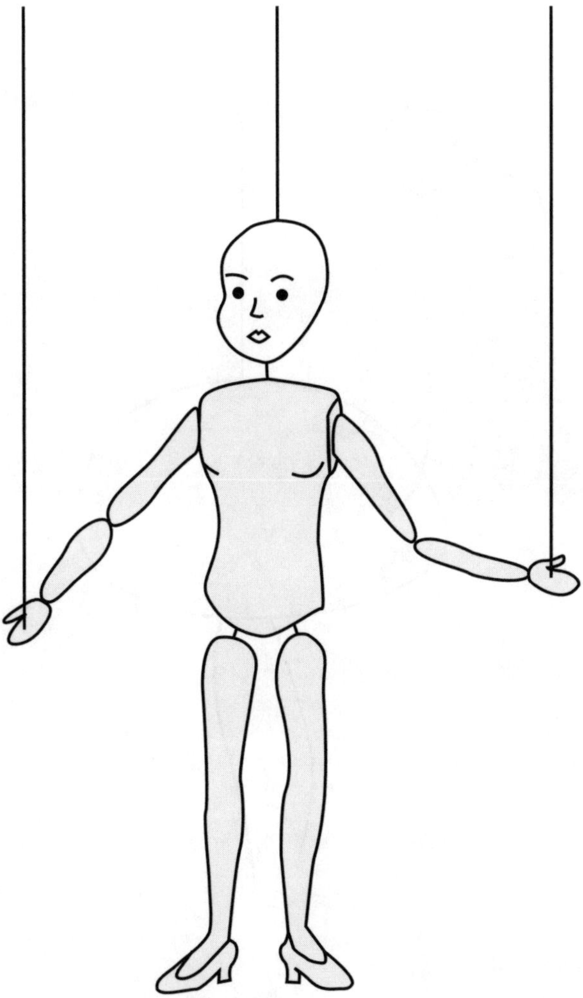

Marionetten

Machen Sie etwas daraus, lassen Sie etwas Neues entstehen!

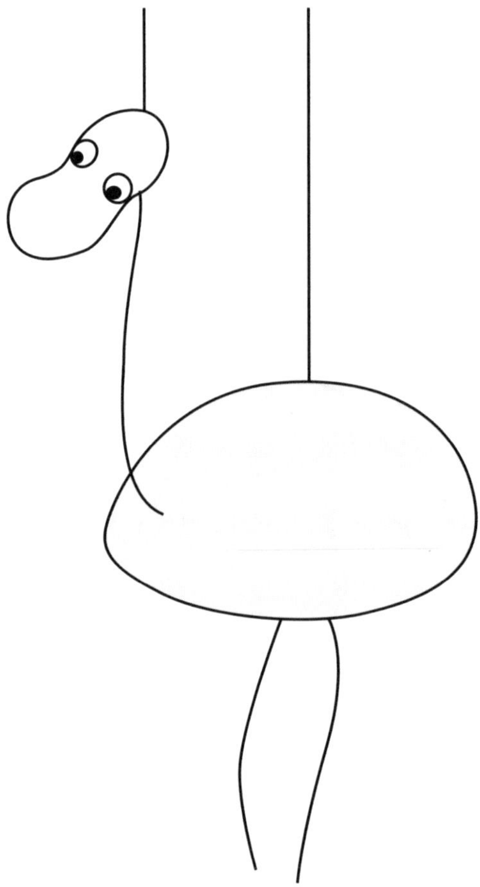